PETITS C

LAROUSSE

W9-BKL-460

Collection fondée par Félix Guirand, Agrégé des Lettres

Horace

CORNEILLE

tragédie

Édition présentée,
annotée et commentée
par
Dominique RABAUD-GOUILLART
Ancienne élève de l'E.N.S. de Sèvres
Agrégée de Lettres classiques
et
Christian GOUILLART
Ancien élève de l'E.N.S.
Agrégé de Lettres classiques

www.petitsclassiques.com

SOMMAIRE

Avant d'aborder le texte

Horace
CORNEILLE

© Larousse Paris, 1999 – ISBN 978-2-03-587735-2
© Larousse 2004 pour la présente édition

Comment lire l'œuvre

Avant d'aborder le texte

Horace

Genre : tragédie en vers.

Auteur : Pierre Corneille (1606-1684).

Structure : 5 actes.

Principaux personnages : Horace (romain, héros de la pièce, vainqueur des Curiaces, mais meurtrier de sa sœur) ; Camille (sœur d'Horace, amante de Curiace ; ses reproches et ses provocations pousseront Horace à la tuer) ; Curiace (albain, fiancé à Camille ; doué pour l'amitié et l'humanité, il sera tué par Horace) ; Sabine (albaine, sœur de Curiace, mariée à Horace ; prise dans un jeu de contradictions insolubles, elle commente et déplore ses malheurs).

Époque et lieu de l'action : VIIe siècle av. J.-C. à Rome.

Contexte historique : la France est en guerre contre l'Espagne.

Première représentation : au théâtre du Marais, en mai 1640, après une première représentation privée en mars 1640. La pièce sera publiée en janvier 1641.

Qu'est-ce qu'une tragédie ? À l'époque classique, une tragédie est une pièce de théâtre sérieuse en vers, composée de 5 actes, comportant une exposition, un nœud, des péripéties et un dénouement généralement fatal. Les auteurs classiques se reportent aux analyses que le philosophe grec Aristote a consignées dans sa *Poétique* : la tragédie repose pour lui sur plusieurs éléments dont les deux plus importants sont l'intérêt de l'action et la force des caractères. Aristote a également inspiré la théorie classique de la « catharsis », purification ou purgation des passions : selon le philosophe grec, « la tragédie effectue par la crainte et la pitié la catharsis de ces affections ». Cela signifie que la tragédie, par mimétisme avec les personnages, nous fait éprouver crainte et pitié, et nous en libère. Les théoriciens classiques ont interprété différemment cette théorie, revue à la faveur de la compassion chrétienne : pour eux, la catharsis consiste à nous libérer de toutes les passions mauvaises ou excessives, comme la passion amoureuse dévorante, la luxure, la colère, ou l'orgueil. Il y a donc une interprétation moralisante de la théorie, qui ne figurait pas chez Aristote. La tragédie classique repose également sur la règle des trois unités qui réclame pour la pièce une seule action, en un seul lieu et en un seul jour. La tragédie est un genre noble et fait donc intervenir des personnages hors du commun. Dans *Horace*, Corneille s'est efforcé d'écrire une tragédie qui corres-ponde parfaitement aux canons classiques, et il y est parvenu. Il a d'autre part donné à sa pièce une coloration héroïque, à travers le personnage d'Horace, ce que nous ne retrouverons pas, plus tard, dans le théâtre de Racine.

Le Serment des Horaces. *Esquisse de David (1748-1825).*
Musée de Lille (coll. Wicar).

CORNEILLE
(1606-1684)

Des études brillantes

1606

Le 6 juin, naissance de Pierre Corneille à Rouen. Son père est maître des Eaux et Forêts, sa mère, fille d'un avocat de Rouen. Il aura cinq frères et sœurs, dont Thomas, son cadet de dix-neuf ans.

1615-1622

Il fait de brillantes études au collège des jésuites de Rouen, où il se passionne pour la poésie et l'Antiquité romaine. Il semble s'être épris, très jeune, de la fille d'un maître des comptes de Rouen, Catherine Hue. En 1624, il est licencié en droit.

1628-1650

Il devient avocat du roi au tribunal des Eaux et Forêts, grâce à deux « offices » achetés par son père. Il s'acquittera de sa tâche jusqu'en 1650.

Les œuvres de jeunesse

1629-1636

Ce sont des comédies dont les héros, jeunes et souvent instables, partent à la recherche de l'amour et de la liberté : en 1629, *Mélite*, comédie ; en 1630, *Clitandre*, tragi-comédie ; en 1631, *La Veuve*, comédie ; en 1632, *La Galerie du palais*, comédie ; en 1633, *La Suivante*, comédie, et *La Place royale*, comédie, en 1634. Le personnage le plus intéressant de ces comédies est Alidor, héros de *La Place royale* : amoureux d'Angélique, il refuse cependant de sacrifier sa liberté à son amour et laissera Angélique s'enfermer dans un couvent, tandis qu'il jouira amèrement de sa victoire sur lui-même. Corneille tente en 1635 sa première tragédie, *Médée*, ce qui ne l'empêche pas de produire une nouvelle comédie, *L'Illusion comique*, en 1636.

Les grandes tragédies : 1636-1643

L'intérêt des jeunes auteurs se porte sur la tragédie ; la *Sophonisbe* de Mairet connaît un énorme succès. Richelieu, qui désire encadrer la production française, institue en 1635 l'Académie française, et s'entoure d'un groupe de cinq jeunes poètes, dont Corneille, qui sont chargés d'écrire des pièces sur des sujets proposés par lui.

Le Cid, représenté au début de 1637, consacre le génie de Corneille et relègue les Mairet, Rotrou, Scudéry au second plan. Cela n'ira pas sans jalousie : une « querelle du Cid » éclate, et le jugement que portera l'Académie française en décembre 1637 sur *Le Cid* sera plutôt défavorable à Corneille.

1639

À la mort de son père, Corneille connaît des problèmes de succession et doit assumer la tutelle de ses frères et sœurs. C'est pour lui une période difficile.

1641

Corneille épouse Marie de Lampérière, de onze ans sa cadette. C'est un mariage d'amour qui sera suivi de la naissance de plusieurs enfants : en 1642, Marie, l'ancêtre de Charlotte Corday ; en 1643, Pierre, qui sera militaire comme son cadet François, né en 1645 ; Marguerite, née en 1650, qui deviendra religieuse de même que Madeleine, née en 1655 ; Charles, né en 1652, qui mourra prématurément en 1665 ; enfin Thomas, né en 1656, qui sera abbé d'Aiguevive. Corneille s'entoure donc d'une famille bourgeoise, unie et pieuse.

1640-1643

Ce sont les années des grandes tragédies : en 1640, *Horace* ; en 1642, *Cinna* et *Polyeucte* ; on citera également *La Mort de*

Pompée, tragédie, *Le Menteur*, comédie, écrites en 1643, et, en 1644, *Rodogune*, tragédie.

Succès et revers : 1645-1651

Corneille écrit plusieurs pièces dont l'intérêt semble moindre au lecteur moderne : en 1645, *Théodore*, tragédie ; en 1647, *Héraclius*, tragédie ; en 1650, *Andromède*, tragédie et pièce à machines, et *Don Sanche d'Aragon*, comédie héroïque ; en 1651, *Nicomède*, tragédie, et *Pertharite,* tragédie.

1647

Corneille est élu à l'Académie française, après avoir essuyé un échec en 1644.

1650

Corneille, qui faisait de plus en plus partie de la clientèle de Mazarin, est nommé procureur des États de Normandie à la place d'un ennemi de Mazarin.

1651

Le précédent procureur est rétabli dans ses fonctions, et Corneille, victime de sa fidélité à Mazarin, se retrouve sans emploi. Il n'est cependant pas gêné financièrement, car il a su tirer des revenus importants de ses œuvres.

Plusieurs années sans écrire de tragédie

1652

L'échec de *Pertharite*, pièce extravagante, pousse Corneille à interrompre sa production régulière de pièces et, pendant plusieurs années, il cesse d'écrire pour la scène. Mais il se consacre à la traduction de l'*Imitation de Jésus-Christ*.

1653

Fouquet lui verse une pension annuelle.

Le retour à la tragédie

1659

Sur l'initiative de Fouquet, Corneille revient à la tragédie avec *Œdipe*, pièce qui est accueillie avec enthousiasme.

1660

Nouvelle édition en trois volumes de ses œuvres, avec examens des pièces et *Trois Discours sur le poème dramatique* : il y expose sa théorie du théâtre et ses analyses personnelles. Triomphe de *La Toison d'or*, pièce à machines.

1662

Installation définitive à Paris. Publication de *Sertorius*, tragédie.

1663

Sophonisbe, tragédie. Les hostilités avec Racine commencent. Corneille se rapproche de Molière, qui joue certaines de ses pièces.

1664

Othon, tragédie.

1666

Attila, tragédie. La rivalité avec Racine devient de plus en plus forte.

1670

Tite et Bérénice, tragédie qui entre en compétition avec la *Bérénice* de Racine.

1671

Psyché, collaboration avec Quinault et Molière.

1672

Pulchérie, tragédie.

1674

Suréna, tragédie, qui sera son chant du cygne. C'est aussi l'année de la mort à la guerre de son fils François. Usé, Corneille prend une retraite littéraire définitive.

1676

En hommage à Corneille, le roi fait représenter six de ses pièces à Versailles.

1682

Édition complète, revue et corrigée de son œuvre.

1684

1er octobre, mort de Corneille à Paris.

Louis XIII et Richelieu

La première moitié du XVIIe siècle est marquée par les deux personnalités si différentes de Louis XIII et de Richelieu, qui, par leur action commune, ont contribué à renforcer le pouvoir royal et la position de la France en Europe.

Louis XIII (1601-1643)

Louis XIII est le fils d'Henri IV et de Marie de Médicis. Il monte sur le trône à l'âge de neuf ans, après l'assassinat d'Henri IV par Ravaillac. Marie de Médicis assure une régence d'abord désastreuse, car elle se laisse dominer par ses favoris, comme Concini, et lutte difficilement contre la volonté de pouvoir des grands seigneurs. Louis XIII ne parviendra à gouverner réellement qu'en 1624, avec l'appui de Richelieu. Excellent cavalier, bien formé pour les armes, mais mystique, anxieux et sensible, Louis XIII est un être complexe, qui éprouve le besoin d'amitiés passionnées, mais qui s'entend mal avec son épouse, Anne d'Autriche, l'infante d'Espagne qu'il a épousée alors qu'il avait 13 ans. De plus, sa santé est fragile.

Avec l'aide de Richelieu, Louis XIII va s'efforcer de renforcer le pouvoir royal attaqué par les grands, par Marie de Médicis, et par son propre frère, Gaston d'Orléans, qui rêve de lui succéder. Pour ce faire, il réprime les complots, comme celui de Chalais, il impose un édit sur l'interdiction des duels, qui décimaient la noblesse. Il brise le parti protestant par le siège victorieux de La Rochelle en 1628. À l'extérieur, il tient longtemps la France écartée de la guerre de Trente Ans (1618-1648), mais entre en guerre en 1635 contre les Habsbourg. En 1636, le Nord de la France est envahi, mais la situation est rapidement rétablie ; la guerre se poursuit, et l'alourdissement des impôts provoque de nombreuses révoltes paysannes, dont la plus célèbre est celle des « va-nu-pieds », en Normandie. Deux enfants naissent miraculeusement au roi, à la fin de sa vie : le futur Louis XIV en 1638, et son frère, Philippe, en 1640. Épuisé par les maladies et par des médecines effroyables, Louis XIII meurt prématurément à 41 ans, le 14 mai 1643. La guerre contre les Habsbourg n'est pas encore terminée, mais la France est un pays solide et respecté.

Richelieu (1585-1642)

Armand-Jean du Plessis de Richelieu est nettement plus âgé que Louis XIII. Initialement, il se destinait à la carrière des armes, mais il entre dans les ordres pour préserver des intérêts familiaux. Il devient évêque de Luçon en 1607. Élu aux États généraux en 1614, il est remarqué par Marie de Médicis, qui le nomme secrétaire d'État pour l'Intérieur et la Guerre en 1616. Avant d'être le grand ministre de Louis XIII, Richelieu apparaît comme une créature de Marie de Médicis. L'assassinat de Concini et la disgrâce de Marie de Médicis entraînent en 1617 sa propre disgrâce. Cependant, menant les négociations entre le roi et sa mère, il sait se faire apprécier de Louis XIII. En 1622, il devient cardinal, et il prend la direction du Conseil du roi en 1624. Désormais, Louis XIII et Richelieu vont œuvrer ensemble pour la restauration des intérêts de la France et du pouvoir royal. En 1629, Richelieu devient principal ministre d'État. Lors de la « journée des Dupes », en 1630, il conserve la confiance du roi.

Sa politique consiste à s'opposer au pouvoir des grands, à lutter à l'intérieur contre le parti protestant et à rompre à l'extérieur la menace d'encerclement représentée par la maison de Habsbourg, qui règne en Autriche et en Espagne. Richelieu réorganise l'administration, et d'abord le Conseil du roi ; le cardinal s'appuie sur des « intendants » efficaces pour administrer les provinces. Ces réformes visent à affermir le pouvoir du roi à l'intérieur comme à l'extérieur. Cette politique centralisatrice et autoritaire est, dans l'ensemble, couronnée de succès, avec comme point faible la rentrée des finances, qui sera toujours problématique.

Richelieu, grand amateur de théâtre, a également compris le parti qu'il pourrait tirer d'une politique culturelle active au service du pouvoir royal. Il crée un système de pensions qui récompense les artistes les plus renommés ; il s'entoure d'une équipe de poètes, dont fait partie Corneille, chargée de composer des œuvres dans le sens indiqué par le cardinal. À partir de 1637, il fait construire le théâtre du Palais-Cardinal, qui, légué au roi, deviendra ensuite le théâtre du Palais-Royal. Les troupes du théâtre du Marais et de l'Hôtel de Bourgogne sont subventionnées. La création de l'Académie française contribue à codifier la langue française et à édicter les règles de la doctrine classique. Ce mécénat favorise l'explosion d'une série de chefs-d'œuvre dramatiques et prépare un âge d'or pour la langue française.

Il est remarquable de constater que Richelieu animait cette politique culturelle tout en participant à la guerre contre l'Espagne, à partir de 1635, et tout en continuant à décapiter les derniers complots menés contre Louis XIII (comme celui de Cinq-Mars en 1642). Cette activité intense mine la santé fragile du cardinal, qui meurt le 4 décembre 1642, quelques mois avant Louis XIII.

La tragédie en 1640

Le théâtre de Corneille ne résulte pas de l'irruption miraculeuse d'un auteur isolé : il est le fruit d'une tradition théâtrale relativement récente, dont on peut marquer les débuts dans les années 1550, et d'une politique de mécénat active, menée en particulier par Richelieu.

On peut faire remonter les débuts de la tragédie française savante à la création de l'*Abraham sacrifiant*, de Théodore de Bèze, en 1550. Les écrivains de la Renaissance vont en effet s'efforcer de créer une tragédie française inspirée de l'Antiquité. Ils puiseront d'abord leur inspiration dans les tragédies de Sénèque (Ier s. apr. J.-C.) et produiront des pièces violentes et pathétiques, dans lesquelles le héros affronte et commente un destin particulièrement cruel. La *Cléopâtre captive*, écrite par le poète Jodelle en 1553, relève de cette tendance et connaît un grand succès. L'auteur le plus inspiré de cette période est sans doute Robert Garnier (1545-1590), dont on peut citer un *Hippolyte* qui influencera la *Phèdre* de Racine, des pièces romaines et, surtout, son chef-d'œuvre, *Les Juives* (1583) ; ses tragédies sont noires et violentes, les personnages parlent plus qu'ils n'agissent, et leur langage est très marqué par la rhétorique.

Vers la fin du XVIᵉ siècle, d'autres écrivains s'attacheront à donner davantage de place à l'action et s'inspireront des théories du philosophe grec Aristote (IVᵉ s. av. J.-C.), qui ne cesseront d'influencer les théoriciens du XVIIᵉ siècle. Une pièce comme *Saül le furieux* (1572), de Jean de La Taille, inspirée de la Bible, répond précisément à l'idée d'Aristote selon laquelle l'action doit être le principe premier dans une tragédie, qui ne saurait se résumer à des discours.

Cependant, le début du XVIIᵉ siècle est marqué par un déclin de la tragédie, concurrencée par le genre voisin de la tragi-comédie, qui s'inspire de sujets romanesques, empruntés en particulier aux romans héroïques de l'époque, et qui se termine par une fin heureuse ; les émotions fortes sont au premier plan, ce qui correspond bien au courant baroque du début du siècle. Déjà, Robert Garnier avait écrit une tragi-comédie avec sa *Bradamante,* en 1582 ; les principaux auteurs du début du XVIIᵉ siècle exploiteront cette veine, comme Alexandre Hardy (v. 1570-v. 1632) ou Rotrou (1609-1650). Corneille lui-même, après avoir écrit des comédies, connaîtra le succès avec la tragi-comédie du *Cid,* dont il ne faut pas négliger l'aspect romanesque et sentimental.

Il faut attendre les années 1630 pour assister à un renouveau de la tragédie, encouragé par Richelieu. Parallèlement, toute une réflexion théorique édicte les lois nécessaires à la constitution de la tragédie, à partir d'une relecture d'Aristote : on rappellera en particulier la *Lettre sur la règle des vingt-quatre heures,* écrite par Chapelain en 1630, et le débat provoqué par la querelle du *Cid* en 1637. Les règles classiques seront celles des trois unités (d'action, de temps et de lieu), ainsi que la nécessité de la bienséance (qui exclut la violence sur scène) et de la vraisemblance, qui écarte les sujets incohérents.

Certes, Théophile de Viau (1590-1626) avait déjà donné en 1623 une tragédie remarquable avec *Pyrame et Thisbé*, dont le sujet est proche de celui de *Roméo et Juliette*. Mais il faut attendre 1634 et le triomphe de la *Sophonisbe* de Mairet (1604-1686), inspirée de l'Antiquité romaine, pour que la tragédie retrouve ses lettres de noblesse. Suivront, en 1635, *La Mort de César*, de Georges de Scudéry (1601-1667), la *Marianne* de Tristan l'Hermite, en 1637, puis les grandes tragédies de Corneille. Pendant la décennie qui suivra *Horace*, Corneille, Rotrou, Tristan l'Hermite et bien d'autres continueront à produire des chefs-d'œuvre. On voit donc que la carrière de Corneille n'est pas isolée, mais s'inscrit dans un mouvement littéraire bien défini.

Les troupes de théâtre en 1640

Durant une trentaine d'années, jusqu'en 1658, date du retour de Molière à Paris, deux troupes occuperont le devant de la scène : ce sont la « Troupe royale » de l'Hôtel de Bourgogne et le théâtre du Marais.

L'Hôtel de Bourgogne

L'association des « Confrères de la Passion », qui remonte au Moyen Âge, détenait encore au XVIᵉ siècle le monopole des représentations théâtrales ; elle s'était installée dans une partie de l'Hôtel de Bourgogne où une salle de spectacle avait été aménagée. En 1548, l'interdiction de jouer des mystères et des pièces religieuses contraignit l'association à louer sa salle à des troupes de comédiens.

Au début du XVIIᵉ siècle, l'Hôtel de Bourgogne est occupé par une troupe qui prend le titre de « Comédiens du Roi ». Diverses fusions s'opèrent entre 1627 et 1629 : c'est une troupe de premier ordre, subventionnée par le pouvoir royal, qui se constitue et qui interprète les grands auteurs du moment, en particulier Rotrou et Mairet. À partir de 1644,

Corneille se rapproche de l'Hôtel de Bourgogne, qui interprétera désormais une grande partie de ses tragédies. La salle est rectangulaire et la scène exiguë ; dans l'espace central (le parterre), la foule assiste debout au spectacle ; des spectateurs fortunés peuvent parfois s'asseoir sur la droite ou la gauche de la scène, ce qui constitue une gêne pour les acteurs. Cette même scène est éclairée par des chandelles, remplacées entre chaque acte, cette cérémonie matérialisant la séparation entre les actes ; les chandelles sont disposées par terre sur le devant de la scène, ce qui constitue un éclairage par en-dessous, peu flatteur, et fort différent de nos éclairages modernes. Les décors simultanés hérités du Moyen Âge font peu à peu place au décor unique correspondant à l'unité de lieu. Les costumes, souvent luxueux, sont conventionnels, mais les symboles sont très éloignés de nos conventions modernes : ainsi le costume « à la romaine » est-il constitué non d'une toge, mais d'un chapeau à plumes et d'une cuirasse. Quant à la diction, elle est lente, pompeuse et artificielle, et n'a rien à voir avec les dictions beaucoup plus « naturelles » des interprètes modernes.

Le théâtre du Marais

En 1629, le comédien Montdory (1594-1651) arrive à Paris avec sa troupe. En 1634, il l'installe dans le jeu de paume (sorte de court de tennis couvert) du Marais. Après un incendie, en 1644, le théâtre sera reconstruit et perfectionnera son aménagement : au lieu de l'espace rectangulaire initial, une salle à l'italienne sera installée, avec un amphi-théâtre en gradins, des loges et une scène plus vaste.

Jusqu'en 1643, Corneille est l'auteur attitré de la troupe, qui représente toutes ses pièces : de *Mélite* (saison 1629-1630) au *Menteur* (saison 1643-1644) ; c'est Montdory qui interprétera le rôle de Clindor dans *L'Illusion comique* (1635-1636), ou celui du Cid (1637).

Quand Montdory est frappé de paralysie en 1637, Villiers, puis Floridor lui succèdent pour quelques années. Floridor est l'un des plus grands acteurs du siècle ; c'est certainement lui qui interprète le personnage d'Horace. Mais, en 1644, Corneille fait jouer *Rodogune* par la troupe concurrente de l'Hôtel de Bourgogne ; Floridor, en 1647, devient l'un des principaux acteurs de l'Hôtel de Bourgogne, entraînant défi-

Louis XIII et le cardinal de Richelieu assistant à un spectacle
en présence de la cour, au palais du cardinal.
Détail d'un tableau anonyme du XVIIe siècle.
Musée des Arts décoratifs, Paris.

nitivement Corneille dans son sillage : ces éléments accentue-
ront le déclin du théâtre, qui se spécialisera ensuite dans les
pièces à machines.

Nouvelles troupes et regroupements

La troupe de Molière apparaîtra en 1658 et interprétera les
dernières pièces de Corneille, Molière et Corneille formant
un clan soudé contre Racine, qui fera jouer ses pièces à
l'Hôtel de Bourgogne (Floridor, quoique déjà âgé, interprétera les grands rôles masculins de Racine). La troupe de
Molière jouera en alternance avec la troupe des Comédiens-
Italiens (arrivés en France en 1639) dans la salle du Palais-
Royal, construite par Richelieu, qui l'avait ensuite léguée au
roi. Après la mort de Molière, en 1673, de nombreux éléments de sa troupe rejoindront l'Hôtel de Bourgogne, tandis
que les éléments restants de la troupe de Molière fusionne-
ront avec la troupe du Marais à l'Hôtel Guénégaud. Enfin,
en 1680, la fusion de l'Hôtel Guénégaud et de l'Hôtel de
Bourgogne donnera naissance à la Comédie-Française.

Vie	Œuvres
1606 (6 juin) Naissance de Pierre Corneille à Rouen, où il résidera jusqu'en 1662.	
1615-1622 Brillantes études au collège des jésuites de Rouen. **1624** Licencié en droit. **1628-1650** Avocat du roi au tribunal des Eaux et Forêts, grâce à deux offices achetés par son père.	
	1629 *Mélite*, comédie.
	1630 *Clitandre*, tragi-comédie. **1631** *La Veuve*, comédie. **1632** *La Galerie du palais*, comédie.
	1633 *La Suivante*, comédie. *La Place royale*, comédie. **1634** *Médée*, première tragédie.
	1636 *L'Illusion comique*, comédie.
1637 Le père de Corneille est annobli.	**1637** *Le Cid*, tragédie.
1639 Mort du père de Corneille ; problèmes de succession, tutelle de ses frères et sœurs.	

ÉVÉNEMENTS CULTURELS ET ARTISTIQUES	ÉVÉNEMENTS HISTORIQUES ET POLITIQUES
1606 Débuts de Malherbe à la cour. Malherbe meurt en 1628.	
	1610 Assassinat d'Henri IV. Régence de Marie de Médicis. **1618** Début de la guerre de Trente Ans.
	1628 Siège de La Rochelle.
	1629 Richelieu aux affaires jusqu'à sa mort.
1632 Rembrandt : *La Leçon d'anatomie*.	**1632** Révolte et exécution d'Henri de Montmorency.
1635 Fondation officielle de l'Académie française. **1636-1637** *Le Discours de la méthode*, de Descartes.	**1635** La France entre dans la guerre de Trente Ans et déclare la guerre à l'Espagne. **1636** Complot de Gaston d'Orléans.
	1638 Naissance de Louis XIV.
1639 Naissance de Racine.	

Vie	Œuvres
	1640 *Horace*, tragédie.
1641 Mariage avec Marie de Lampérière. **1642** Naissance de sa première fille, Marie.	**1642** *Cinna*, tragédie. *Polyeucte*, tragédie.
1643 Naissance de Pierre.	**1643** *La Mort de Pompée*, tragédie. *Le Menteur*, comédie. **1644** *Rodogune*, tragédie.
1645 Naissance de François. **1647** Corneille est élu à l'Académie française.	**1645** *Théodore*, tragédie. **1647** *Héraclius*, tragédie.
1650 Naissance de Marguerite. Corneille est nommé procureur des États de Normandie. **1651** Corneille est privé de sa fonction de procureur à cause de son attachement à Mazarin. **1652** Naissance de Charles.	**1650** *Andromède*, tragédie et pièce à machines. *Don Sanche d'Aragon*, comédie héroïque. **1651** *Nicomède*, tragédie. *Pertharite*, tragédie. **1652** Pendant plusieurs années, Corneille cesse d'écrire pour la scène. Traduction de l'*Imitation de Jésus-Christ*.
1653 Fouquet verse à Corneille une pension annuelle.	
1655 Naissance de Madeleine.	

ÉVÉNEMENTS CULTURELS ET ARTISTIQUES	ÉVÉNEMENTS HISTORIQUES ET POLITIQUES
1640 L'*Augustinus*, de Jansénius. Mort de Rubens.	
	1641 Complot du comte de Soissons.
	1642 Complot et exécution de Cinq-Mars. Mort de Richelieu, bientôt remplacé par Mazarin.
1643 Découverte du baromètre par Torricelli.	**1643** Mort de Louis XIII. Régence d'Anne d'Autriche. Victoire de Condé à Rocroi.
1647 *Nouvelles Expériences touchant le vide*, de Pascal.	
	1648 Traités de Westphalie. **1649-1652** Guerre civile de la Fronde. Le pouvoir royal est menacé, puis rétabli par Anne d'Autriche et Mazarin.
	1653 Le pape condamne les « cinq propositions » tirées de l'*Augustinus* de Jansénius. Fouquet est surintendant des Finances.
1655 **Pascal se retire à Port-Royal.**	

VIE	ŒUVRES
1656 Naissance de Thomas.	
	1659 *Œdipe,* tragédie, sur un sujet proposé par Fouquet.
	1660 Nouvelle édition en trois volumes de ses œuvres, avec examens des pièces et *Trois Discours sur le poème dramatique,* théorie du théâtre et analyses personnelles. Triomphe de *La Toison d'or,* pièce à machines.
1662 Installation définitive à Paris.	**1662** *Sertorius,* tragédie. **1663** *Sophonisbe,* tragédie. **1664** *Othon,* tragédie.
1665 Mort de son fils Charles.	
	1666 *Attila,* tragédie. La rivalité avec Racine devient de plus en plus forte.
1668 Sa fille Marguerite prononce ses vœux de religieuse.	

ÉVÉNEMENTS CULTURELS ET ARTISTIQUES	ÉVÉNEMENTS HISTORIQUES ET POLITIQUES
1656 *Les Provinciales*, de Pascal. **1658** Retour de Molière à Paris. **1659** Molière : *Les Précieuses ridicules*. **1659-1670** Grands sermons de Bossuet.	**1659** Traité des Pyrénées avec l'Espagne : fin d'une guerre qui durait depuis 1635 ; la France acquiert l'Artois et le Roussillon. **1660** Mariage de Louis XIV avec l'infante d'Espagne Marie-Thérèse.
	1661 Mort de Mazarin. Début du règne personnel de Louis XIV. Arrestation de Fouquet.
1662 *L'École des femmes,* comédie de Molière.	**1662** Colbert ministre.
1665 *Dom Juan,* de Molière. Mort du peintre Poussin. **1666** *Le Misanthrope,* de Molière. *Satires* (l.1-6) de Boileau.	**1666** Mort d'Anne d'Autriche.
1667 *Andromaque*, de Racine. **1668** *Amphitryon, L'Avare*, de Molière. *Fables* (l.1-6) de La Fontaine (recueil suivant en 1671). **1669** *Tartuffe*, de Molière.	**1668** Fin de la guerre de Dévolution (1665-1668) menée en Flandre et en Franche-Comté contre l'Espagne, avec le traité d'Aix-la-Chapelle qui consacre l'annexion de 11 villes en Flandre.

VIE	ŒUVRES
	1670 *Tite et Bérénice*, tragédie en compétition avec la *Bérénice* de Racine.
	1671 *Psyché*, collaboration avec Quinault et Molière.
	1672 *Pulchérie*, tragédie.
1674 Mort de son deuxième fils, François, à la guerre.	**1674** *Suréna*, tragédie.
	1682 Édition complète, revue et corrigée de son œuvre.
1684 (1er octobre) Mort de Corneille.	

ÉVÉNEMENTS CULTURELS ET ARTISTIQUES	ÉVÉNEMENTS HISTORIQUES ET POLITIQUES
1670 *Le Bourgeois gentilhomme*, de Molière. *Bérénice*, de Racine. Loi des gaz de Mariotte. Édition des *Pensées* de Pascal.	
1672 *Les Femmes savantes*, de Molière. **1673** *Le Malade imaginaire*, de Molière. Mort de Molière. *Mithridate*, de Racine.	**1672-1679** Guerre de Hollande pendant laquelle la France affronte une coalition européenne. Avec le traité de Nimègue (1678), la France reçoit la Franche-Comté et Louis XIV devient l'arbitre de l'Europe.
1674 *Art poétique*, de Boileau. *Iphigénie*, de Racine. **1677** *Éthique*, de Spinoza. Newton et Leibniz font progresser les méthodes de calcul. *Phèdre*, de Racine. **1678** *La Princesse de Clèves*, de Mme de Lafayette.	
	1683 Mort de Marie-Thérèse. Louis XIV est de plus en plus proche de Mme de Maintenon, qu'il finit par épouser secrètement.
	1685 Révocation de l'édit de Nantes.

GENÈSE
DE L'ŒUVRE

Les sources

L'historien latin Tite-Live a transmis le récit du combat des Horaces et des Curiaces ; c'est directement à cet auteur que Corneille a emprunté l'intrigue de sa pièce. Le dramaturge reproduit d'ailleurs de très larges extraits de l'*Histoire de Rome* (livre I, chapitres 23 à 26) en tête des éditions d'*Horace* parues de 1641 à 1656. Voici le récit du combat lui-même, extrait du chapitre 25.

« Le traité conclu, les jumeaux, comme il était convenu, prennent leurs armes. Tandis que chaque parti rappelle à ses champions que "leurs dieux nationaux, leur patrie, leurs parents, tout ce que la ville, tout ce que l'armée comptent de citoyens ont les yeux fixés sur leurs épées, sur leurs bras", eux, déjà braves de leur nature, et la tête pleine de ces paroles d'encouragement, s'avancent au milieu des lignes. Assises chacune devant son camp, les deux armées étaient à ce moment hors de danger, mais non d'inquiétude : la suprématie était en jeu et reposait sur le courage et la chance de quelques hommes. Aussi tous sur le qui-vive et en suspens portent une ardente attention à ce spectacle si angoissant. On donne le signal, et, comme deux bataillons, les six jeunes gens vont à l'offensive, concentrant en eux le courage de deux grandes armées. Les uns et les autres oublient leur propre danger pour ne penser qu'à leur nation, à sa puissance ou à son asservissement et à la destinée de leur patrie, qui sera ce qu'eux seuls l'auront faite. Dès le premier choc, le cliquetis des armes, l'éclair des épées firent passer un grand frisson dans l'assistance saisie ; l'espoir ne penchait d'aucun côté ; tous en perdaient la voix et le souffle. Mais, quand la mêlée fut engagée, quand ce ne furent plus seulement des corps en mouvement, des épées et des boucliers brandis sans résultat qui s'offrirent à la vue, mais bien des blessures et du sang, les trois Albains étaient blessés, tandis que deux Romains s'abattaient mourants l'un sur l'autre. Leur chute fit pousser des cris de joie à l'armée albaine ; les légions romaines, dès lors sans espoir, mais non sans inquiétude, tremblaient pour leur unique champion que cernaient les trois Curiaces. Par bonheur, il était indemne, trop faible, à lui seul, il est vrai, pour tous ses adversaires réunis, mais redoutable pour chacun pris à part. Afin de les combattre séparément, il prit la fuite, en se disant que chaque blessé le poursuivrait dans la mesure de ses forces. Il était déjà, dans sa fuite, à une certaine distance du champ de bataille, quand il tourne la tête et voit ses poursuivants très espacés. Le premier n'était pas loin : d'un bond il revient sur lui, et, tandis que les Albains crient aux Curiaces de porter secours à leur frère, Horace avait déjà tué son adversaire et, vainqueur, marchait au second combat. Poussant les acclamations dont la faveur accueille toujours un succès inespéré, les Romains encouragent leur champion, et lui expédie le combat rapidement. Sans donner au dernier Curiace, qui n'était pourtant pas loin, le temps d'arriver, il tue l'autre. Maintenant la lutte était égale, survivant contre survivant ; mais ils n'avaient ni le même moral, ni la même force. L'un, exempt de toute atteinte et deux fois vainqueur, marchait fièrement à son troisième combat ; l'autre s'y traînait, épuisé par sa blessure, épuisé par sa course ; déjà vaincu pour avoir vu tomber ses frères, il s'offre aux coups du vainqueur. Ce ne fut pas un combat. Le Romain s'écrie avec transport : "J'ai donné deux victimes aux mânes de mes frères ; la troisième, c'est à l'objet de cette guerre, à la suprématie de Rome sur Albe que je vais la donner." C'est à peine si l'Albain pouvait porter ses armes ; il lui plonge d'en haut son épée dans la gorge, l'abat et le dépouille. »

Tite-Live, *Histoire de Rome*, les Belles Lettres,
traduction de Gaston Baillet, 1940 (réédit. 1967).

La fidélité de Corneille au récit livien est telle qu'elle n'a pas besoin d'être soulignée, mais le génie de Corneille lui a inspiré de découper ce récit en deux parties et même en deux actes (III, 6 : Julie annonce la fuite d'Horace et la défaite de Rome ; IV, 2 : Valère explique la ruse et la victoire d'Horace). Dramatiquement, Corneille y gagnait un magnifique effet de suspension (nous dirions aujourd'hui de « suspense ») et provoquait un coup de théâtre magistral. Les épisodes du meurtre de Camille et du procès d'Horace sont, eux aussi, directement issus de Tite-Live, que Corneille traduit parfois presque mot à mot (discours du dictateur albain, récit du combat, plaidoyer du vieil Horace). Mais le dramaturge a aussi allégé et resserré dramatiquement son modèle.

La principale originalité de Corneille reste cependant l'invention de Sabine, femme d'Horace et sœur des Curiaces, qui rend beaucoup plus tragique, par les liens personnels qu'elle crée entre les héros, un combat qui reste assez anonyme chez Tite-Live. Par ailleurs, Corneille a pu enrichir le récit latin de quelques détails empruntés aux *Antiquités romaines* de l'historien grec Denys d'Halicarnasse (contemporain de Tite-Live). Par exemple, Denys évoque la conclusion d'une trêve avant la rencontre décisive (voir *Horace*, I, 3), ce que ne mentionne pas Tite-Live ; l'historien grec indique aussi que certains grands personnages de Rome se firent les accusateurs d'Horace après le meurtre de sa sœur, ce qui peut préfigurer le rôle de Valère à l'acte V.

Une consultation, même indirecte, de Denys d'Halicarnasse est donc assez probable, mais il ne s'agit, au mieux, que d'un apport marginal à Tite-Live. En revanche, il paraît certain que Corneille n'a rien tiré des quelques pièces relatives aux Horaces publiées dans les décennies précédant sa propre pièce.

La création d'*Horace*

Pourquoi Corneille a-t-il choisi le combat des Horaces et des Curiaces comme sujet d'une de ses pièces ? Pourquoi l'a-t-il choisi à ce moment de sa longue carrière plutôt qu'à un autre ?

L'emprunt à l'histoire romaine

Grâce à son amour précoce pour le latin et l'Antiquité romaine, Corneille connaissait de longue date l'histoire des trois Horaces et des trois Curiaces ; c'est très probablement chez les jésuites de Rouen qu'il lut le récit de l'historien latin Tite-Live, qui constitue la source principale d'*Horace*. Peut-être la parution de *L'Histoire romaine* de Scipion Dupleix, en 1638, vint-elle raviver l'intérêt de Corneille pour cet épisode, dont les péripéties sont contées en détail.

En tout cas, ce choix constitue un tournant décisif dans l'œuvre et la pensée de Corneille : il découvre l'extraordinaire affinité existant entre ses projets littéraires, ses convictions personnelles et l'idéal romain fait de rigueur, d'austérité, d'esprit de sacrifice, de soumission à l'intérêt général, d'héroïsme et de grandeur.

Horace constitue la première tragédie romaine d'une longue série : sur les quelque vingt tragédies que Corneille a écrites, une quinzaine traitent de sujets romains, depuis *Horace* (située aux commencements légendaires de Rome) jusqu'à *Attila* (dont l'action se déroule au Vᵉ siècle de notre ère). De là cette caricature (à laquelle *Horace* a largement contribué) de Corneille en « vieux Romain » raidi dans des principes d'un autre âge.

La France de Louis XIII

Si le thème des Horaces possède, en soi, de quoi séduire Corneille, pourquoi l'avoir mis en œuvre précisément dans les années 1638-1640 ? La réponse à cette question doit être cherchée notamment dans l'histoire de France.

À l'époque, en effet, la situation politique française n'est pas sans analogie avec celle vécue par Albe et Rome dans la pièce. Dans *Horace*, de nombreuses villes ennemies affaiblies attendent que Rome et Albe se soient suffisamment affaiblies pour venir les détruire ; dans l'Europe du XVIIᵉ siècle, les États protestants se réjouissent de voir les deux grandes puissances catholiques, la France et l'Espagne, s'entre-déchirer dans une guerre perçue par beaucoup (dont le très catholique Corneille) comme fratricide.

Bien plus, la reine de France, Anne d'Autriche, est sœur du roi d'Espagne et Élisabeth, sœur de Louis XIII, est mariée à ce même roi ! Comment ne pas voir en elles des héroïnes d'*Horace* déchirées entre leur pays de naissance et le royaume de leur mari, en guerre l'un contre l'autre ? Le discours du dictateur albain (*Horace*, v. 285-327), révélant la présence de membres des mêmes familles dans les camps ennemis, pouvait s'appliquer mot pour mot à de nombreuses grandes familles françaises et espagnoles de l'époque. Qui plus est, la pièce montre la nécessité de mobiliser toutes les énergies au service du pays, au détriment des liens et des sentiments naturels ; c'est précisément ce que Richelieu s'évertuait à faire admettre aux grands du royaume.

Horace n'est pas pour autant une pièce d'actualité ; la richesse dramatique du thème suffisait à l'imposer au choix de Corneille ; mais, indiscutablement, la lecture de la pièce se trouve enrichie par le parallélisme existant entre l'époque de sa rédaction et la situation qu'elle décrit.

De la tragi-comédie à la tragédie

• *Un long silence*

Pendant trois ans (1637-1640), période exceptionnellement longue chez un auteur aussi prolifique, Corneille ne donne rien au théâtre. Il a, certes, à ce moment, des problèmes familiaux (son père meurt en 1639, la tutelle de ses frères et sœurs mineurs lui est confiée) et professionnels (il tente vainement de s'opposer à une décision administrative dépréciant considérablement une de ses deux charges d'avocat du roi). Mais Corneille est surtout aigri et en proie au doute.

Situation paradoxale, alors que *Le Cid* lui a apporté gloire et argent ! Mais il a aussi suscité jalousies et critiques. En décembre 1637, la parution des *Sentiments de l'Académie sur Le Cid* constitue, de fait, une condamnation de la pièce, accusée d'avoir contrevenu aux règles (unité de temps, d'action, de lieu), à la vraisemblance et à la bienséance : on se scandalisait notamment de l'annonce du mariage de Chimène avec l'assassin de son père. Ce coup parut d'autant plus dur à Corneille que, de sa Normandie natale, il avait sous-estimé la jalousie des intellectuels parisiens et s'attendait à des éloges. Le fait d'être ainsi condamné par les « doctes » (les critiques littéraires et les théoriciens) le froissa beaucoup dans sa fierté d'auteur, mais il y avait pis encore.

Derrière l'Académie, en effet, se profile la grande ombre du cardinal de Richelieu, son fondateur et son mécène. Pourquoi celui-ci a-t-il laissé condamner *Le Cid*, alors qu'il figurait parmi les admirateurs de Corneille, qu'il honorait de sa protection et de sa bienveillance ? Sa conscience de catholique avait-elle été choquée rétrospectivement par l'immoralité du mariage de Chimène et de Rodrigue ? Estimait-il que la pièce faisait la part trop belle aux grands et qu'elle présentait la royauté sous un jour trop pâle ? Cet homme d'ordre désirait-il mettre fin une fois pour toutes à une querelle qui s'envenimait chaque jour davantage ? Toujours est-il que Corneille se sent « lâché » par le tout-puissant cardinal. Il en conçoit inquiétude et aigreur.

• *Plaire aux doctes et à Richelieu*

Horace va lui fournir une occasion de prouver aux théoriciens du théâtre qu'il est parfaitement capable d'écrire une pièce conforme à la stricte doctrine du temps et lui permettra aussi de se rappeler respectueusement à l'attention de Richelieu (à qui la pièce est dédiée) avec un sujet très propre à lui plaire.

Pas plus que par la seule actualité, *Horace* ne peut s'expliquer par le seul désir de flatter Richelieu. Mais la pièce présente une étonnante parenté idéologique avec les vues politiques du cardinal : en approuvant le sacrifice des sentiments et des intérêts individuels à une certaine idée de l'État, elle ne pouvait que séduire le tout-puissant ministre. Comme Richelieu, *Horace* prend parti pour l'État contre l'individu ; c'est une pièce de guerre, avec une morale pour temps de guerre.

Les débuts de la pièce

Les dates exactes des premières représentations d'*Horace* sont incertaines. Nous sommes réduits à établir des conjectures à partir des correspondances de l'époque, et en particulier des lettres de Chapelain. Le 15 janvier 1639, Chapelain écrit à Guez de Balzac à propos de Corneille : « *Il ne fait plus rien, et Scudéry a du moins gagné cela, en le querellant, qu'il l'a rebuté du métier, et lui a tari sa veine.* » Corneille passe donc, au début de l'année 1639, pour avoir cessé d'écrire. Cependant, à la fin de cette même année, Corneille fait une lecture de la nouvelle pièce qu'il vient d'achever, *Horace*, chez Boisrobert, en présence d'un certain nombre de doctes, comme Chapelain et l'abbé d'Aubignac. Une lettre plus tardive de Chapelain, datée du 17 novembre 1640, se fera l'écho de cette réunion :

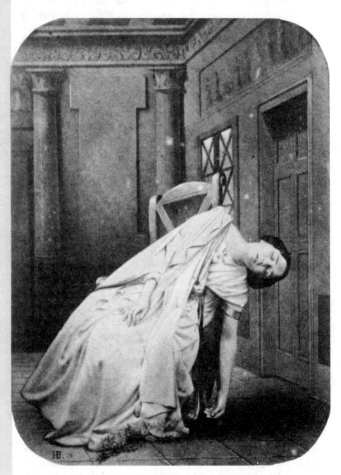

L'actrice Rachel (1821-1858) dans le rôle de Camille.

« *Dès l'année passée, je lui dis qu'il fallait changer son cinquième acte des* Horaces, *et lui dis par le menu comment ; à quoi il avait résisté toujours depuis, quoique tout le monde lui criât que sa fin était brutale et froide, et qu'il en devait passer par mon avis. Enfin, de lui-même, il me vint dire qu'il se rendait et qu'il le changerait, et que ce qu'il ne l'avait pas fait était pour ce qu'en matière d'avis, il craignait toujours qu'on ne les lui donnât par envie et pour détruire ce qu'il avait bien fait* » (*Lettre à Guez de Balzac*).

À la fin de l'année 1639, Corneille a donc achevé la rédaction d'*Horace*. Les doctes attachés aux nouvelles règles classiques le poussent à changer son cinquième acte, mais il n'en fait rien. La première d'*Horace* a lieu, toujours selon une lettre de Chapelain à Guez de Balzac, datée du 9 mars 1640, « devant son Éminence », c'est-à-dire devant Richelieu, en représentation privée. La pièce est ensuite jouée très vraisemblablement au théâtre du Marais, avec le grand acteur Floridor dans le rôle d'Horace, sans doute au mois de mai 1640. La pièce est imprimée à la fin de l'année avec le privilège du 11 décembre 1640, l'achevé d'imprimer datant du 15 janvier 1641.

La pièce fut, semble-t-il, bien reçue des connaisseurs et des doctes, comme en témoigne l'éloge suivant adressé à Corneille par Guez de Balzac dans une lettre plus tardive, datant du 17 janvier 1643 :

« *Aux endroits où Rome est de brique, vous la rebâtissez de marbre : quand vous trouvez du vide, vous le remplissez d'un chef-d'œuvre ; et je prends garde que ce que vous prêtez à l'histoire est toujours meilleur que ce que vous empruntez d'elle.* »

Certes, le meurtre de Camille choquait les puristes, d'autant plus que l'actrice se faisait alors tuer sur scène, au lieu que le meurtre soit relégué en coulisses, ce qui provoquait un effet beaucoup plus spectaculaire ; mais la rigueur de la pièce, sa conformité d'ensemble aux règles, l'alternance bien ménagée entre des scènes d'action passionnées et des scènes de délibération et de commentaires lui assurèrent un succès de connaisseurs.

Portrait de Pierre Corneille. Musée national du château de Versailles.
Peintre anonyme du XVIIᵉ siècle.

Horace

CORNEILLE

tragédie

représentée pour la première fois
en 1640

Dédicace
à Monseigneur le Cardinal
Duc de Richelieu

MONSEIGNEUR,

Je n'aurais jamais eu la témérité de présenter à Votre Éminence ce mauvais portrait d'Horace, si je n'eusse considéré
qu'après tant de bienfaits que j'ai reçus d'elle[1], le silence où
mon respect m'a retenu jusqu'à présent passerait pour ingra-
5 titude, et que quelque juste défiance que j'aie de mon travail,
je dois avoir encore plus de confiance en votre bonté. C'est
d'elle que je tiens tout ce que je suis ; et ce n'est pas sans
rougir que pour toute reconnaissance, je vous fais un présent
si peu digne de vous, et si peu proportionné à ce que je vous
10 dois. Mais, dans cette confusion, qui m'est commune avec
tous ceux qui écrivent, j'ai cet avantage qu'on ne peut, sans
quelque injustice, condamner mon choix, et que ce généreux
Romain, que je mets aux pieds de Votre Éminence, eût pu
paraître devant elle avec moins de honte, si les forces de
15 l'artisan[2] eussent répondu à la dignité de la matière. J'en ai
pour garant l'auteur dont je l'ai tirée[3], qui commence à
décrire cette fameuse histoire par ce glorieux éloge, « qu'il
n'y a presque aucune chose plus noble dans toute l'Antiquité ». Je voudrais que ce qu'il a dit de l'action se pût dire
20 de la peinture que j'en ai faite, non pour en tirer plus de
vanité, mais seulement pour vous offrir quelque chose un peu

---

1. Richelieu faisait notamment servir à Corneille, depuis 1635, une pension annuelle
de 1 500 livres.
2. **Artisan** : artiste, c'est-à-dire Corneille.
3. Il s'agit de l'historien latin Tite-Live (voir p. 28), dont est extraite la citation qui
suit (*Histoire de Rome*, I, XXIV).

moins indigne de vous être offert. Le sujet était capable de plus de grâces s'il eût été traité d'une main plus savante ; mais du moins il a reçu de la mienne toutes celles qu'elle était
25 capable de lui donner, et qu'on pouvait raisonnablement attendre d'une muse de province[1], qui n'étant pas assez heureuse pour jouir souvent des regards de Votre Éminence, n'a pas les mêmes lumières à se conduire qu'ont celles qui en sont continuellement éclairées. Et certes, Monseigneur, ce chan-
30 gement visible qu'on remarque en mes ouvrages depuis que j'ai l'honneur d'être à[2] Votre Éminence, qu'est-ce autre chose qu'un effet des grandes idées qu'elle m'inspire, quand elle daigne souffrir que je lui rende mes devoirs ? et à quoi peut-on attribuer ce qui s'y mêle de mauvais, qu'aux teintures[3]
35 grossières que je reprends quand je demeure abandonné à ma propre faiblesse ? Il faut, Monseigneur, que tous ceux qui donnent leurs veilles au théâtre[4] publient hautement[5] avec moi que nous vous avons deux obligations très signalées : l'une, d'avoir ennobli le but de l'art ; l'autre, de nous en avoir
40 facilité les connaissances. Vous avez ennobli le but de l'art, puisque au lieu de celui de plaire au peuple que nous prescrivent nos maîtres, et dont les deux plus honnêtes gens[6] de leur siècle, Scipion et Lœlie[7], ont autrefois protesté de[8] se contenter, vous nous avez donné celui de vous plaire et de
45 vous divertir ; et qu'ainsi nous ne rendons pas un petit service[9] à l'État, puisque, contribuant à vos divertissements, nous contribuons à l'entretien d'une santé qui lui est si pré

---

1. **D'une muse de province** : Corneille réside alors à Rouen.
2. **Être à** : être au service de.
3. **Teintures** : traces, marques.
4. **Ceux qui ... théâtre** : les auteurs dramatiques qui se consacrent jour et nuit à la rédaction de leurs œuvres.
5. **Publient hautement** : fassent savoir publiquement.
6. **Honnêtes gens** : personnes cultivées, d'agréable fréquentation.
7. Selon la tradition, Scipion Émilien et Lælius avaient collaboré aux comédies de l'auteur latin Térence (première moitié du IIe siècle av. J.-C.).
8. **Protester de** : déclarer.
9. **Nous ne ... petit service** : nous rendons un immense service (litote).

cieuse et si nécessaire. Vous nous en avez facilité les connaissances, puisque nous n'avons plus besoin d'autre étude pour
50 les acquérir que d'attacher nos yeux sur Votre Éminence,
quand elle honore de sa présence et de son attention le récit
de nos poèmes[1]. C'est là que lisant sur son visage ce qui lui
plaît et ce qui ne lui plaît pas, nous nous instruisons avec
certitude de ce qui est bon et de ce qui est mauvais, et tirons
55 des règles infaillibles de ce qu'il faut suivre et de ce qu'il faut
éviter ; c'est là que j'ai souvent appris en deux heures ce que
mes livres n'eussent pu m'apprendre en dix ans ; c'est là que
j'ai puisé ce qui m'a valu l'applaudissement du public ; et c'est
là qu'avec votre faveur j'espère puiser assez pour être un jour
60 une œuvre digne de vos mains. Ne trouvez donc pas mauvais,
Monseigneur, que pour vous remercier de ce que j'ai de réputation, dont je vous suis entièrement redevable, j'emprunte
quatre vers d'un autre Horace[2] que celui que je vous présente
et que je vous exprime par eux les plus véritables sentiments
65 de mon âme :

> *Totum muneris hoc tui est,*
> *Quod monstror digito praetereuntium,*
> *Scenae non levis artifex ;*
> *Quod spiro et placeo, si placeo, tuum est*[3].

70 Je n'ajouterai qu'une vérité à celle-ci, en vous suppliant de
croire que je suis et serai toute ma vie, très passionnément,
Monseigneur

De Votre Éminence,
le très humble, très obéissant et très fidèle serviteur,

Corneille.

---

1. **Poèmes** : désigne ici des œuvres littéraires. Richelieu était effectivement passionné
de théâtre et il lui arrivait, notamment, de se faire lire les pièces avant leur
« première » officielle.
2. Le poète latin Horace (65-8 av. J.-C.).
3. « C'est à ta seule faveur que je dois d'être désigné du doigt par les passants
comme un maître de l'art dramatique ; mon inspiration et mon succès – si succès il
y a –, c'est à toi que je les dois. » Dans sa citation d'Horace, Corneille a remplacé
le troisième vers par une expression de son cru, afin de mieux l'adapter à son cas.

Portrait anonyme du cardinal de Richelieu (détail),
d'après Philippe de Champaigne (1602-1674).
Musée Condé, Chantilly.

Personnages

TULLE[1]	*roi de Rome.*
LE VIEIL HORACE	*chevalier romain.*
HORACE	*son fils.*
CURIACE	*gentilhomme[2] d'Albe, amant[3] de Camille.*
VALÈRE	*chevalier romain, amoureux de Camille.*
SABINE	*femme d'Horace et sœur de Curiace.*
CAMILLE	*amante de Curiace et sœur d'Horace.*
JULIE	*dame romaine, confidente de Sabine et de Camille.*
FLAVIAN	*soldat de l'armée d'Albe.*
PROCULE	*soldat de l'armée de Rome.*

La scène est à Rome,
dans une salle de la maison d'Horace.

---

1. **Tulle** : forme francisée, selon l'usage au XVIIᵉ siècle, de Tullus Hostilius, troisième roi de Rome.
2. **Gentilhomme** : patricien, c'est-à-dire noble romain.
3. **Amant** : voir « Le vocabulaire cornélien dans *Horace* » (p. 199) qui explique les mots les plus utilisés dans cette pièce.

ACTE PREMIER

SCÈNE PREMIÈRE. SABINE, JULIE.

SABINE

Approuvez ma faiblesse, et souffrez ma douleur ;
Elle n'est que trop juste en un si grand malheur :
Si près de voir sur soi fondre de tels orages,
L'ébranlement sied bien aux plus fermes courages ;
5 Et l'esprit le plus mâle et le moins abattu
Ne saurait sans désordre exercer sa vertu.
Quoique le mien s'étonne à ces rudes alarmes,
Le trouble de mon cœur ne peut rien sur mes larmes[1],
Et parmi les soupirs qu'il pousse vers les cieux,
10 Ma constance du moins règne encor[2] sur mes yeux.
Quand on arrête là les déplaisirs d'une âme,
Si l'on fait moins qu'un homme, on fait plus qu'une femme.
Commander à[3] ses pleurs en cette extrémité,
C'est montrer pour le sexe assez de fermeté.

JULIE

15 C'en est peut-être assez pour une âme commune,
Qui du moindre péril se fait une infortune ;
Mais de cette faiblesse un grand cœur est honteux ;
Il ose espérer tout dans un succès douteux[4].
Les deux camps sont rangés au pied de nos murailles ;
20 Mais Rome ignore encor comme on perd des batailles.
Loin de trembler pour elle, il lui faut applaudir[5] ;
Puisqu'elle va combattre, elle va s'agrandir.

---

1. **Ne peut rien sur mes larmes** : ne parvient cependant pas à me faire pleurer.
2. **Encor** : orthographe permise au XVIIᵉ siècle.
3. **Commander à** : maîtriser, dominer.
4. **Dans un succès douteux** : alors que le résultat est incertain.
5. **Il lui faut applaudir** : il faut manifester notre joie pour elle.

Bannissez, bannissez une frayeur si vaine,
Et concevez des vœux dignes d'une Romaine.

SABINE

25 Je suis Romaine, hélas ! puisqu'Horace est Romain ;
J'en ai reçu le titre en recevant sa main[1] ;
Mais ce nœud me tiendrait en esclave enchaînée,
S'il m'empêchait de voir[2] en quels lieux je suis née.
Albe, où j'ai commencé de respirer le jour[3],
30 Albe, mon cher pays et mon premier amour ;
Lorsqu'entre nous et toi je vois la guerre ouverte,
Je crains notre victoire autant que notre perte.
Rome, si tu te plains que c'est là te trahir,
Fais-toi des ennemis que je puisse haïr.
35 Quand je vois de tes murs leur armée et la nôtre,
Mes trois frères dans l'une, et mon mari dans l'autre,
Puis-je formèr des vœux, et sans impiété
Importuner le ciel pour ta félicité ?
Je sais que ton État, encor en sa naissance,
40 Ne saurait, sans la guerre, affermir sa puissance ;
Je sais qu'il doit s'accroître, et que tes grands destins
Ne le borneront pas chez les peuples latins ;
Que les dieux t'ont promis l'empire de la terre,
Et que tu n'en peux voir l'effet que par la guerre[4] :
45 Bien loin de m'opposer à cette noble ardeur
Qui suit l'arrêt[5] des dieux et court à ta grandeur,
Je voudrais déjà voir tes troupes couronnées,
D'un pas victorieux franchir les Pyrénées.
Va jusqu'en Orient pousser tes bataillons ;

---

1. **En recevant sa main** : en l'épousant.
2. **Voir** : considérer.
3. **De respirer le jour** : à vivre.
4. **Tu n'en peux ... par la guerre** : tu ne peux voir cette promesse se réaliser que grâce à la guerre.
5. **Arrêt** : décision.

50 Va sur les bords du Rhin[1] planter tes pavillons[2] ;
Fais trembler sous tes pas les colonnes d'Hercule[3] ;
Mais respecte une ville à qui tu dois Romule[4].
Ingrate, souviens-toi que du sang de ses rois
Tu tiens ton nom, tes murs et tes premières lois.
55 Albe est ton origine : arrête, et considère
Que tu portes le fer dans le sein de ta mère.
Tourne ailleurs les efforts de tes bras triomphants ;
Sa joie éclatera dans l'heur de ses enfants[5] ;
Et se laissant ravir à[6] l'amour[7] maternelle,
60 Ses vœux seront pour toi, si tu n'es plus contre elle.

JULIE

Ce discours me surprend, vu que depuis le temps
Qu'on a contre son peuple armé nos combattants,
Je vous ai vu pour elle autant d'indifférence
Que si d'un sang romain vous aviez pris naissance[8].
65 J'admirais la vertu qui réduisait en vous
Vos plus chers intérêts à ceux de votre époux[9] ;
Et je vous consolais au milieu de vos plaintes,
Comme si notre Rome eût fait toutes vos craintes.

---

1. **Rhin** : ces allusions au Rhin et aux Pyrénées (v. 48) devaient éveiller des échos patriotiques dans l'esprit des spectateurs de 1640. En guerre contre l'Espagne, la France venait en effet de remporter de brillants succès sur les bords du Rhin et il ne paraissait pas impossible de porter la guerre au-delà des Pyrénées.
2. **Pavillons** : étendards, drapeaux.
3. **Colonnes d'Hercule** : le détroit de Gibraltar.
4. **Romule** : forme francisée de Romulus, fondateur légendaire de Rome, petit-fils de Numitor, roi d'Albe (voir p. 152).
5. **Sa joie ... enfants** : sa joie éclatera si ses descendants sont heureux.
6. **Se laissant ravir à** : se laissant emporter par.
7. **Amour** : souvent féminin au XVIIᵉ siècle, même au singulier.
8. **Je vous ai vu ... pris naissance** : je vous ai vue aussi indifférente au sort d'Albe que si vous étiez née romaine.
9. **La vertu ... votre époux** : la force morale grâce à laquelle vous avez conformé vos propres intérêts à ceux de votre époux.

SABINE

Tant qu'on ne s'est choqué[1] qu'en de légers combats,
70 Trop faibles pour jeter un des partis à bas,
Tant qu'un espoir de paix a pu flatter[2] ma peine,
Oui, j'ai fait vanité[3] d'être toute Romaine.
Si j'ai vu Rome heureuse avec quelque regret,
Soudain[4] j'ai condamné ce mouvement secret ;
75 Et si j'ai ressenti, dans ses destins contraires,
Quelque maligne[5] joie en faveur de mes frères,
Soudain, pour l'étouffer, rappelant ma raison,
J'ai pleuré quand la gloire entrait dans leur maison.
Mais aujourd'hui qu'il faut que l'une ou l'autre tombe,
80 Qu'Albe devienne esclave, ou que Rome succombe,
Et qu'après la bataille il ne demeure plus
Ni d'obstacle aux vainqueurs, ni d'espoir aux vaincus,
J'aurais pour mon pays une cruelle haine,
Si je pouvais encore être toute Romaine,
85 Et si je demandais votre triomphe aux dieux,
Au prix de tant de sang qui m'est si précieux.
Je m'attache un peu moins aux intérêts d'un homme :
Je ne suis point pour Albe, et ne suis plus pour Rome ;
Je crains pour l'une et l'autre en ce dernier effort,
90 Et serai du parti qu'affligera[6] le sort.
Égale à tous les deux[7] jusques à la victoire,
Je prendrai part aux maux sans en prendre à la gloire,
Et je garde, au milieu de tant d'âpres rigueurs,
Mes larmes aux vaincus, et ma haine aux vainqueurs.

---

1. **Choqué** : affronté.
2. **Flatter** : adoucir, apaiser.
3. **J'ai fait vanité** : je me suis fait gloire.
4. **Soudain** : immédiatement, aussitôt.
5. **Maligne** : mauvaise, nuisible.
6. **Affligera** : renversera, anéantira (sens fort et latin du verbe).
7. **Égale à tous les deux** : impartiale, sans préférence ni pour l'un ni pour l'autre.

JULIE

95 Qu'on voit naître souvent de pareilles traverses[1],
En des esprits divers[2], des passions diverses !
Et qu'à nos yeux Camille agit bien autrement !
Son frère est votre époux, le vôtre est son amant[3] ;
Mais elle voit d'un œil bien différent du vôtre
100 Son sang dans une armée, et son amour dans l'autre.
Lorsque vous conserviez un esprit tout romain,
Le sien, irrésolu, le sien, tout incertain,
De la moindre mêlée appréhendait l'orage,
De tous les deux partis détestait l'avantage,
105 Au malheur des vaincus donnait toujours ses pleurs,
Et nourrissait ainsi d'éternelles douleurs.
Mais hier, quand elle sut qu'on avait pris journée[4],
Et qu'enfin la bataille allait être donnée,
Une soudaine joie éclatant sur son front...

SABINE

110 Ah ! que je crains, Julie, un changement si prompt !
Hier dans sa belle humeur elle entretint Valère ;
Pour ce rival, sans doute, elle quitte mon frère ;
Son esprit, ébranlé par les objets présents,
Ne trouve point d'absent aimable après deux ans[5].
115 Mais excusez l'ardeur d'une amour fraternelle ;
Le soin que j'ai de lui me fait craindre tout d'elle ;
Je forme des soupçons d'un trop léger sujet :
Près d'un jour si funeste[6] on change peu d'objet ;
Les âmes rarement sont de nouveau blessées[7],

---

1. **Traverses** : obstacles, fortes contrariétés.
2. **Divers** : opposés.
3. **Amant** : ici, fiancé.
4. **Pris journée** : fixé une date (pour le combat).
5. **Son esprit ... deux ans** : troublée par la présence de Valère, elle a cessé d'aimer Curiace, loin d'elle depuis deux ans.
6. **Près d'un jour si funeste** : dans des circonstances aussi tragiques.
7. **De nouveau blessées** : une nouvelle fois touchées par l'amour (image des flèches du dieu Amour).

120 Et dans un si grand trouble on a d'autres pensées ;
Mais on n'a pas aussi[1] de si doux entretiens,
Ni de contentements qui soient pareils aux siens.

JULIE

Les causes, comme à vous, m'en semblent fort obscures ;
Je ne me satisfais d'aucunes conjectures.
125 C'est assez de constance en un si grand danger
Que de le[2] voir, l'attendre, et ne point s'affliger ;
Mais certes c'en est trop d'aller jusqu'à la joie.

SABINE

Voyez qu'un bon génie à propos nous l'envoie.
Essayez sur ce point à la faire parler :
130 Elle vous aime assez pour ne vous rien celer[3].
Je vous laisse. Ma sœur, entretenez Julie ;
J'ai honte de montrer tant de mélancolie,
Et mon cœur, accablé de mille déplaisirs,
Cherche la solitude à cacher[4] ses soupirs.

---

1. **Aussi** : non plus.
2. **Le** : se rapporte à « danger » (v. 125).
3. **Celer** : tenir secret.
4. **À cacher** : pour cacher.

REPÈRES

Une scène d'exposition

• Quels sont les personnages présents ou évoqués dans la scène 1 ? Qu'apprenons-nous sur la situation de chacun d'eux ? Quels sont leurs liens familiaux et sentimentaux ?

• Quelles sont les informations fournies dans les domaines historique, géographique et militaire ?

• Quel jeu de scène avons-nous à partir du vers 128 ?

OBSERVATION

• Dans les vers 1-14, relevez les termes exprimant la faiblesse et ceux exprimant la fermeté : qu'en concluez-vous ?

• Dans les vers 25-60, à qui Sabine s'adresse-t-elle successivement ? Parvient-elle à rester parfaitement neutre entre sa patrie d'origine et sa patrie d'adoption ? Cette tirade est-elle marquée davantage par la rhétorique ou par l'élégie ?

• Quel est l'intérêt de l'évocation de Romulus au vers 52 ? Comparez avec le vers 1756. Pourquoi l'image de la mère est-elle si importante dans les vers 55-60 ?

• Dans les vers 69-94, relevez les vers où Sabine se range du côté des vaincus.

• Qu'apprenons-nous sur Camille dans les vers 95-109 ?

INTERPRÉTATIONS

• Quel est l'intérêt d'avoir commencé la pièce avec le personnage de Sabine ?

• Une scène d'exposition, destinée à donner des informations au spectateur, court toujours le risque d'être longue ou ennuyeuse : comment Corneille est-il parvenu à éviter cet écueil ?

• Julie est-elle une confidente quelconque ou possède-t-elle une personnalité ?

SCÈNE 2. CAMILLE, JULIE.

CAMILLE

135 Qu'elle a tort de vouloir que je vous entretienne[1] !
Croit-elle ma douleur moins vive que la sienne,
Et que plus insensible à de si grands malheurs,
À mes tristes discours je mêle moins de pleurs ?
De pareilles frayeurs mon âme est alarmée ;
140 Comme elle je perdrai dans l'une et l'autre armée :
Je verrai mon amant, mon plus unique bien,
Mourir pour son pays ou détruire le mien,
Et cet objet d'amour devenir, pour ma peine,
Digne de mes soupirs ou digne de ma haine.
145 Hélas !

JULIE

Elle est pourtant plus à plaindre que vous :
On peut changer d'amant, mais non changer d'époux.
Oubliez Curiace, et recevez Valère,
Vous ne tremblerez plus pour le parti contraire ;
Vous serez toute nôtre, et votre esprit remis[2]
150 N'aura plus rien à perdre au camp des ennemis.

CAMILLE

Donnez-moi des conseils qui soient plus légitimes,
Et plaignez mes malheurs sans m'ordonner des crimes.
Quoiqu'à peine à mes maux je puisse résister,
J'aime mieux les souffrir que de les mériter.

JULIE

155 Quoi ! vous appelez crime un change[3] raisonnable ?

CAMILLE

Quoi ! le manque de foi vous semble pardonnable ?

---

1. **Entretienne** : fasse la conversation.
2. **Remis** : apaisé, rasséréné.
3. **Change** : changement de sentiments.

Camille (Muriel Piquart) dans une mise en scène de Brigitte Jaques.
Théâtre national de Chaillot, 1989.

JULIE

Envers un ennemi qui[1] peut nous obliger[2] ?

CAMILLE

D'un serment solennel qui peut nous dégager ?

JULIE

Vous déguisez en vain une chose trop claire :

160 Je vous vis encor hier entretenir Valère ;

---

1. **Qui** : qu'est-ce qui (pronom neutre).
2. **Obliger** : lier (par la parole donnée).

Et l'accueil gracieux qu'il recevait de vous
Lui permet de nourrir un espoir assez doux.

CAMILLE

Si je l'entretins hier et lui fis bon visage,
N'en imaginez rien qu'à son désavantage :
165 De mon contentement un autre était l'objet.
Mais pour sortir d'erreur sachez-en le sujet ;
Je garde à Curiace une amitié trop pure
Pour souffrir plus longtemps qu'on m'estime parjure.
Il vous souvient[1] qu'à peine on voyait de sa sœur
170 Par un heureux hymen mon frère possesseur,
Quand, pour comble de joie, il obtint de mon père
Que de ses chastes feux je serais le salaire[2].
Ce jour nous fut propice et funeste à la fois :
Unissant nos maisons, il désunit nos rois ;
175 Un même instant conclut notre hymen[3] et la guerre,
Fit naître notre espoir et le jeta par terre,
Nous ôta tout, sitôt qu'il nous eut tout promis,
Et, nous faisant amants, il nous fit ennemis.
Combien nos déplaisirs parurent lors[4] extrêmes !
180 Combien contre le ciel il vomit de blasphèmes !
Et combien de ruisseaux coulèrent de mes yeux !
Je ne vous le dis point, vous vîtes nos adieux ;
Vous avez vu depuis les troubles de mon âme :
Vous savez pour la paix quels vœux a faits ma flamme,
185 Et quels pleurs j'ai versés à chaque événement,
Tantôt pour mon pays, tantôt pour mon amant.
Enfin mon désespoir, parmi ces longs obstacles,
M'a fait avoir recours à la voix des oracles.
Écoutez si celui qui me fut hier rendu

---

1. **Il vous souvient** : vous vous souvenez.
2. **Salaire** : récompense.
3. **Hymen** : ici, fiançailles.
4. **Lors** : alors.

190 Eut droit[1] de rassurer mon esprit éperdu.
    Ce Grec si renommé, qui depuis tant d'années,
    Au pied de l'Aventin[2] prédit nos destinées,
    Lui qu'Apollon[3] jamais n'a fait parler à faux[4],
    Me promit par ces vers la fin de mes travaux[5] :
195 « Albe et Rome demain prendront une autre face[6] ;
    Tes vœux sont exaucés, elles auront la paix,
    Et tu seras unie avec ton Curiace,
    Sans qu'aucun mauvais sort t'en sépare jamais. »
    Je pris sur cet oracle une entière assurance,
200 Et comme le succès passait[7] mon espérance,
    J'abandonnai mon âme à des ravissements
    Qui passaient les transports des plus heureux amants.
    Jugez de leur excès : je rencontrai Valère,
    Et contre sa coutume il ne put me déplaire,
205 Il me parla d'amour sans me donner d'ennui :
    Je ne m'aperçus pas que je parlais à lui[8] ;
    Je ne lui pus montrer de mépris ni de glace[9] ;
    Tout ce que je voyais me semblait Curiace ;
    Tout ce qu'on me disait me parlait de ses feux ;
210 Tout ce que je disais l'assurait de mes vœux.
    Le combat général aujourd'hui se hasarde[10] ;
    J'en sus hier la nouvelle, et je n'y pris pas garde :
    Mon esprit rejetait ces funestes objets,
    Charmé des doux pensers d'hymen et de la paix.

---

1. **Eut droit :** fut capable.
2. **Aventin :** une des sept collines de Rome.
3. Dans la mythologie grecque, Apollon est le dieu qui inspire les oracles.
4. **Parler à faux :** dire quelque chose de faux.
5. **Travaux :** épreuves, tourments.
6. **Prendront une autre face :** prendront un nouvel aspect, connaîtront une nouvelle situation.
7. **Passer :** dépasser ou surpasser (v. 202).
8. **Que je parlais à lui :** que je lui parlais. La syntaxe ainsi que l'orthographe n'étaient pas définitivement fixées au XVIIe siècle.
9. **Glace :** froideur (vocabulaire galant).
10. **Se hasarde :** se livre, avec tous ses hasards.

215 La nuit a dissipé des erreurs[1] si charmantes :
Mille songes affreux, mille images sanglantes,
Ou plutôt mille amas de carnage et d'horreur,
M'ont arraché ma joie et rendu ma terreur.
J'ai vu du sang, des morts, et n'ai rien vu de suite[2] ;
220 Un spectre en paraissant[3] prenait soudain la fuite ;
Ils s'effaçaient l'un l'autre, et chaque illusion
Redoublait mon effroi par sa confusion.

JULIE

C'est en contraire sens qu'un songe s'interprète.

CAMILLE

Je le dois croire ainsi, puisque je le souhaite ;
225 Mais je me trouve enfin, malgré tous mes souhaits,
Au jour d'une bataille, et non pas d'une paix.

JULIE

Par là finit la guerre et la paix lui succède.

CAMILLE

Dure à jamais le mal, s'il y faut ce remède !
Soit que Rome y succombe ou qu'Albe ait le dessous,
230 Cher amant, n'attends plus d'être un jour mon époux ;
Jamais, jamais ce nom ne sera pour un homme
Qui soit ou le vainqueur ou l'esclave de Rome.
Mais quel objet nouveau se présente en ces lieux ?
Est-ce toi, Curiace ? en croirai-je mes yeux ?

---

1. **Erreurs** : illusions.
2. **De suite** : de suivi, de cohérent.
3. **En paraissant** : dès qu'il apparaissait.

REPÈRES
• Quels nouveaux éléments viennent compléter l'action ?
• Montrer que la scène s'organise autour de la grande tirade de Camille.

OBSERVATION

• Dans les vers 135-145, relevez les termes exprimant la passion ; qu'en déduisez-vous ? Quel est l'intérêt du mot « *hélas* » ?
• Dans les vers 145-162, quel est le point de vue défendu par Julie ? Quel est l'intérêt de la brève stichomythie (voir Compléments notionnels) des vers 155-158 ?

La tirade de Camille
• Étudiez la série d'oppositions dans les vers 169-186 ; quel est l'intérêt du vers 180 ? Rapprochez-le des vers 423-430.
• Dans les vers 187-202, consacrés à l'oracle, comment Corneille a-t-il rendu cet oracle ambigu ?
• L'attitude de Camille dans les vers 203-211 vous paraît-elle vraisemblable ?
• Sur quelles images s'achève la tirade ?

INTERPRÉTATIONS

Camille, un personnage passionné
• Camille est-elle entièrement dominée par son amour ou garde-t-elle le sens du devoir moral et patriotique ?
• Julie est-elle un personnage lucide ?
• Le sujet de la pièce est-il vraiment défini à la fin de la scène 2 ?
• Quels moyens Corneille utilise-t-il pour « faire passer » la longue tirade (60 vers) de Camille ?

SCÈNE 3. CURIACE, CAMILLE, JULIE.

CURIACE

235 N'en doutez point, Camille, et revoyez un homme
Qui n'est ni le vainqueur ni l'esclave de Rome ;
Cessez d'appréhender de voir rougir mes mains
Du poids honteux des fers ou du sang des Romains.
J'ai cru que vous aimiez assez Rome et la gloire
240 Pour mépriser ma chaîne et haïr ma victoire ;
Et comme également en cette extrémité
Je craignais la victoire et la captivité...

CAMILLE

Curiace, il suffit, je devine le reste :
Tu fuis une bataille à tes vœux si funeste,
245 Et ton cœur, tout à moi, pour ne me perdre pas,
Dérobe à ton pays le secours de ton bras.
Qu'un autre considère ici ta renommée
Et te blâme, s'il veut, de m'avoir trop aimée ;
Ce n'est point à Camille à t'en mésestimer :
250 Plus ton amour paraît, plus elle doit t'aimer ;
Et si tu dois beaucoup aux lieux qui t'ont vu naître,
Plus tu quittes pour moi, plus tu le[1] fais paraître.
Mais as-tu vu mon père, et peut-il endurer[2]
Qu'ainsi dans sa maison tu t'oses retirer ?
255 Ne préfère-t-il point l'État à sa famille ?
Ne regarde[3]-t-il point Rome plus que sa fille ?
Enfin notre bonheur est-il bien affermi ?
T'a-t-il vu comme gendre ou bien comme ennemi ?

CURIACE

Il m'a vu comme gendre, avec une tendresse
260 Qui témoignait assez une entière allégresse ;
Mais il ne m'a point vu, par une trahison,

---

1. **Le** : remplace « ton amour ».
2. **Endurer** : supporter, admettre.
3. **Regarde** : considère, estime.

Indigne de l'honneur d'entrer dans sa maison[1].
Je n'abandonne point l'intérêt de ma ville,
J'aime encor mon honneur en adorant Camille.
265 Tant qu'a duré la guerre, on m'a vu constamment
Aussi bon citoyen que véritable[2] amant.
D'Albe avec mon amour j'accordais la querelle[3] :
Je soupirais pour vous en combattant pour elle ;
Et s'il fallait encor que l'on en vînt aux coups,
270 Je combattrais pour elle en soupirant pour vous.
Oui, malgré les désirs de mon âme charmée,
Si la guerre durait, je serais dans l'armée ;
C'est la paix qui chez vous me donne un libre accès,
La paix à qui nos feux doivent ce beau succès.

CAMILLE

275 La paix ! Et le moyen de croire un tel miracle ?

JULIE

Camille, pour le moins, croyez-en votre oracle,
Et sachons pleinement par quels heureux effets
L'heure d'une bataille a produit cette paix.

CURIACE

L'aurait-on jamais cru ? Déjà les deux armées,
280 D'une égale chaleur au combat animées,
Se menaçaient des yeux et, marchant fièrement,
N'attendaient, pour donner[4], que le commandement,
Quand notre dictateur[5] devant les rangs s'avance,
Demande à votre prince un moment de silence,
285 Et, l'ayant obtenu : « Que faisons-nous, Romains,
Dit-il, et quel démon nous fait venir aux mains[6] ?

---

1. **Maison** : ce mot désigne ici à la fois un bâtiment (v. 254) et une famille (v. 262).
2. **Véritable** : sincère.
3. **Querelle** : la cause (au sens où l'on défend une cause dans un procès).
4. **Pour donner** : pour donner l'assaut.
5. **Dictateur** : magistrat romain qui, dans des circonstances graves, est investi d'un pouvoir absolu dans tous les domaines, pour une durée limitée.
6. **Venir aux mains** : en venir à se battre.

Souffrons que la raison éclaire enfin nos âmes :
Nous sommes vos voisins, nos filles sont vos femmes,
Et l'hymen nous a joints par tant et tant de nœuds
290 Qu'il est peu de nos fils qui ne soient vos neveux.
Nous ne sommes qu'un sang et qu'un peuple en deux villes :
Pourquoi nous déchirer par des guerres civiles,
Où la mort des vaincus affaiblit les vainqueurs,
Et le plus beau triomphe est arrosé de pleurs ?
295 Nos ennemis communs attendent avec joie
Qu'un des partis défait[1] leur donne l'autre en proie,
Lassé, demi-rompu, vainqueur, mais, pour tout fruit,
Dénué d'un secours par lui-même détruit.
Ils ont assez longtemps joui de nos divorces[2] ;
300 Contre eux dorénavant joignons toutes nos forces ;
Et noyons dans l'oubli ces petits différends[3]
Qui de si bons guerriers font de mauvais parents.
Que si[4] l'ambition de commander aux autres
Fait marcher aujourd'hui vos troupes et les nôtres,
305 Pourvu qu'à moins de sang[5] nous voulions l'apaiser,
Elle nous unira, loin de nous diviser.
Nommons des combattants pour la cause commune :
Que chaque peuple aux siens attache sa fortune[6],
Et suivant ce que d'eux ordonnera le sort
310 Que le faible parti prenne loi du plus fort ;
Mais sans indignité pour des guerriers si braves,
Qu'ils deviennent sujets sans devenir esclaves,
Sans honte, sans tribut[7], et sans autre rigueur
Que de suivre en tous lieux les drapeaux du vainqueur.

---

1. **Un des partis défait** : la défaite d'un des partis (latinisme).
2. **Divorces** : divisions, dissensions.
3. **Différends** : désaccords.
4. **Que si** : et si.
5. **À moins de sang** : au prix de moins de sang.
6. **Fortune** : sort, destinée.
7. **Tribut** : contribution financière payée par un vaincu à son vainqueur ;
symbole de sujétion.

315 Ainsi nos deux États ne feront qu'un empire. »
Il semble qu'à ces mots notre discorde expire :
Chacun, jetant les yeux dans un rang ennemi,
Reconnaît un beau-frère, un cousin, un ami ;
Ils s'étonnent comment leurs mains, de sang avides,
320 Volaient, sans y penser, à tant de parricides,
Et font paraître un front couvert tout à la fois,
D'horreur pour la bataille et d'ardeur pour ce choix.
Enfin l'offre s'accepte[1], et la paix désirée
Sous ces conditions est aussitôt jurée :
325 Trois combattront pour tous ; mais pour les mieux choisir,
Nos chefs ont voulu prendre un peu plus de loisir :
Le vôtre est au sénat, le nôtre dans sa tente.

CAMILLE
Ô dieux, que ce discours rend mon âme contente !

CURIACE
Dans deux heures au plus, par un commun accord,
330 Le sort de nos guerriers réglera notre sort.
Cependant tout est libre, attendant qu'on les nomme :
Rome est dans notre camp, et notre camp dans Rome ;
D'un et d'autre côté l'accès étant permis,
Chacun va renouer avec ses vieux amis.
335 Pour moi, ma passion m'a fait suivre vos frères ;
Et mes désirs ont eu des succès si prospères
Que l'auteur de vos jours m'a promis à demain[2]
Le bonheur sans pareil de vous donner la main[3].
Vous ne deviendrez pas rebelle à sa puissance ?

CAMILLE
340 Le devoir d'une fille est en l'obéissance.

CURIACE
Venez donc recevoir ce doux commandement,
Qui doit mettre le comble à mon contentement.

---

1. **S'accepte :** est acceptée.
2. **À demain :** pour demain.
3. **Donner la main :** épouser.

CAMILLE

Je vais suivre vos pas, mais pour revoir mes frères
Et savoir d'eux encor la fin de nos misères.

JULIE

345 Allez, et cependant[1] au pied de nos autels
J'irai rendre pour vous grâces aux immortels[2].

---

1. **Cependant** : pendant ce temps.
2. **Immortels** : dieux.

REPÈRES

• En termes littéraires, comment appelle-t-on l'arrivée inattendue de Curiace ?
• Quels nouveaux éléments viennent compléter l'action ?
• Montrez que la scène 3 est construite autour de la grande tirade de Curiace. Le ton est-il le même dans les trois parties de la scène ?

OBSERVATION

• Montrez que les vers 235-242 répondent directement aux vers 228-234 prononcés par Camille.
• Quelles sont les deux parties de la tirade de Camille (vers 243-257) ? Relevez les expressions qui révèlent son pacifisme, ainsi que son amour pour Curiace. De quel quiproquo est-elle victime dans ces mêmes vers ?
• Quelles expressions des vers 259-274 prouvent que Curiace s'efforce de concilier deux attitudes inconciliables ? Dégagez dans ces vers les parallélismes et les antithèses.
• Pourquoi la répétition du mot « paix » aux vers 273-274-275 ?

La tirade de Curiace (vers 279-327)
• Montrez comment, dans cette tirade, nous avons un discours dans le discours.
• Relevez les expressions qui, à deux reprises, montrent l'imbrication des amitiés et alliances entre les deux villes de Rome et d'Albe. Quel est l'intérêt du mot « parricides » (vers 320) ?
• Quel est le contenu et l'intérêt de la réflexion politique dans les vers 292-306 ?
• À quel type de préoccupation Curiace revient-il aux vers 329-339 ? Ce nouveau sujet, ce ton appartiennent-ils au style tragique ?

INTERPRÉTATIONS

Curiace : un beau parleur, ou un homme d'action ?
• Curiace apparaît-il, dans cette scène, comme un héros tragique ?
• Le dénouement provisoire de l'acte I relève-t-il de la tragédie ?
• Le sujet de la pièce est-il entièrement connu à la fin de la scène 3 ?

Les personnages

• Julie est le seul personnage restant en scène pendant tout l'acte. Montrez qu'elle incarne les valeurs résumées dans l'expression « dame romaine ».

• Comment Sabine, Camille et Curiace cherchent-ils à résoudre, chacun pour leur propre compte, le conflit opposant amour et devoir patriotique ? Montrez parallélismes et divergences. Ces personnages sont-ils des « gagnants », ou des « perdants » ?

• On oppose traditionnellement Sabine à Camille : en quoi les deux jeunes femmes contrastent-elles essentiellement ?

• Quels personnages ne sont pas encore apparus sur scène ? Pourquoi ? Que savons-nous d'eux cependant ?

L'action

L'importance de l'exposition

• Le premier acte est toujours un acte d'exposition. Quelles informations le spectateur a-t-il reçues ? L'exposition est-elle complète à la fin de l'acte I ?

• Un principe fondamental du théâtre classique réside dans la liaison des scènes. Est-il bien respecté dans l'acte I ?

• Par quels procédés Corneille a-t-il réussi à animer son premier acte d'exposition, acte généralement assez statique ?

• Pourquoi Corneille a-t-il donné une fin heureuse à l'acte I ? La tragédie ne semble-t-elle pas avoir fini avant d'avoir commencé ? Quels éléments sont cependant susceptibles de relancer l'action tragique ?

Les thèmes

• Comment Sabine, Camille et Horace vivent-ils leur passion amoureuse ? Le point de vue de l'acte I est-il plutôt féminin, ou masculin ?

• Peut-on dire que Rome joue ici le rôle d'un véritable personnage écrasant les individus de la toute-puissance de sa volonté ? Analysez les figures de style employées par les différents personnages pour parler de Rome ; étudiez en particulier les termes de « *mère* » et de « *parricide* ».

ACTE II

Scène première. Horace, Curiace.

CURIACE

Ainsi Rome n'a point séparé[1] son estime,
Elle eût cru faire ailleurs[2] un choix illégitime :
Cette superbe ville en vos frères et vous
350 Trouve les trois guerriers qu'elle préfère à tous ;
Et son illustre ardeur d'oser plus que les autres[3]
D'une seule maison[4] brave toutes les nôtres :
Nous croirons, à la voir tout entière en vos mains,
Que hors les fils d'Horace, il n'est point de Romains.
355 Ce choix pouvait combler trois familles de gloire,
Consacrer hautement leurs noms à la mémoire[5] :
Oui, l'honneur que reçoit la vôtre par ce choix
En pouvait à bon titre immortaliser trois ;
Et puisque c'est chez vous que mon heur et ma flamme
360 M'ont fait placer ma sœur et choisir une femme,
Ce que je vais vous être et ce que je vous suis
Me font y[6] prendre part autant que je le puis ;
Mais un autre intérêt[7] tient ma joie en contrainte,
Et parmi ses douceurs mêle beaucoup de crainte :
365 La guerre en tel éclat[8] a mis votre valeur
Que je tremble pour Albe et prévois son malheur :

---

1. **Séparé** : partagé, divisé.
2. **Ailleurs** : en choisissant d'autres personnes.
3. **Son illustre ... les autres** : sa tendance bien connue à se montrer plus hardie que les autres.
4. **D'une seule maison** : avec l'aide d'une seule famille.
5. **Consacrer ... mémoire** : faire passer glorieusement leurs noms à la postérité.
6. **Y** : à cet honneur.
7. **Intérêt** : sujet de préoccupation.
8. **En tel éclat** : en (telle) lumière.

Puisque vous combattez, sa perte est assurée ;
En vous faisant nommer, le destin l'a jurée.
Je vois trop dans ce choix ses funestes projets,
370 Et me compte déjà pour un de vos sujets.

Horace

Loin de trembler pour Albe, il vous faut plaindre Rome,
Voyant ceux qu'elle oublie et les trois qu'elle nomme.
C'est un aveuglement pour elle bien fatal,
D'avoir tant à choisir et de choisir si mal.
375 Mille de ses enfants beaucoup plus dignes d'elle
Pouvaient bien mieux que nous soutenir sa querelle ;
Mais quoique ce combat me promette un cercueil,
La gloire de ce choix m'enfle d'un juste orgueil ;
Mon esprit en conçoit une mâle assurance :
380 J'ose espérer beaucoup de mon peu de vaillance ;
Et du sort envieux[1] quels que soient les projets,
Je ne me compte point pour un de vos sujets.
Rome a trop cru de moi[2], mais mon âme ravie[3]
Remplira son attente ou quittera la vie.
385 Qui veut mourir ou vaincre est vaincu rarement :
Ce noble désespoir périt malaisément.
Rome, quoi qu'il en soit, ne sera point sujette[4],
Que[5] mes derniers soupirs n'assurent ma défaite.

Curiace

Hélas ! c'est bien ici que je dois être plaint.
390 Ce que veut mon pays, mon amitié le craint.
Dures extrémités de voir Albe asservie,
Ou sa victoire au prix d'une si chère vie,
Et que[6] l'unique bien où[7] tendent ses désirs

---

1. **Du sort envieux** : du sort défavorable (complément du nom « projets »).
2. **A trop cru de moi** : a trop cru en moi, m'a trop fait confiance.
3. **Ravie** : transportée d'enthousiasme.
4. **Sujette** : assujettie, soumise.
5. **Que** : avant que.
6. **Et que ...** : proposition complétive dépendant de « voir » (v. 391).
7. **L'unique bien où** : le seul but vers lequel.

S'achète seulement par vos derniers soupirs !
395 Quels vœux puis-je former, et quel bonheur attendre ?
De tous les deux côtés[1], j'ai des pleurs à répandre ;
De tous les deux côtés mes désirs sont trahis.

HORACE

Quoi ! vous me pleureriez mourant pour mon pays !
Pour un cœur généreux ce trépas a des charmes ;
400 La gloire qui le suit ne souffre point de larmes,
Et je le recevrais en bénissant mon sort,
Si Rome et tout l'État perdaient moins en ma mort.

CURIACE

À vos amis pourtant permettez de le craindre ;
Dans un si beau trépas ils sont les seuls à plaindre :
405 La gloire en est pour vous, et la perte pour eux ;
Il vous fait immortel, et les rend malheureux :
On perd tout quand on perd un ami si fidèle.
Mais Flavian m'apporte ici quelque nouvelle.

SCÈNE 2. HORACE, CURIACE, FLAVIAN.

CURIACE

Albe de trois guerriers a-t-elle fait le choix ?

FLAVIAN

410 Je viens pour vous l'apprendre.

CURIACE

Eh bien, qui sont les trois ?

FLAVIAN

Vos deux frères et vous.

CURIACE

Qui ?

FLAVIAN

Vous et vos deux frères.
Mais pourquoi ce front triste et ces regards sévères ?

---

1. **De tous les deux côtés** : dans les deux cas.

Ce choix vous déplaît-il ?

CURIACE
          Non, mais il me surprend :
Je m'estimais trop peu pour un honneur si grand.

FLAVIAN
415 Dirai-je au dictateur, dont l'ordre ici m'envoie,
Que vous le recevez avec si peu de joie ?
Ce morne et froid accueil me surprend à mon tour.

CURIACE
Dis-lui que l'amitié, l'alliance et l'amour
Ne pourront empêcher que les trois Curiaces
420 Ne servent leur pays contre les trois Horaces.

FLAVIAN
Contre eux ! Ah ! c'est beaucoup me dire en peu de mots.

CURIACE
Porte-lui ma réponse, et nous laisse en repos.

SCÈNE 3. HORACE, CURIACE.

CURIACE
Que désormais le ciel, les enfers et la terre
Unissent leurs fureurs à nous faire[1] la guerre ;
425 Que les hommes, les dieux, les démons et le sort
Préparent contre nous un général effort !
Je mets à[2] faire pis, en l'état où nous sommes,
Le sort, et les démons, et les dieux, et les hommes,
Ce qu'ils ont de cruel, et d'horrible et d'affreux,
430 L'est bien moins que l'honneur qu'on nous fait à tous deux.

HORACE
Le sort qui de l'honneur nous ouvre la barrière
Offre à notre constance une illustre matière[3],

---

1. **À nous faire** : pour nous faire.
2. **Je mets à** : je mets au défi de.
3. **Une illustre matière** : une occasion de nous rendre illustres.

Il épuise sa force à former un malheur
Pour mieux se mesurer avec notre valeur ;
435 Et comme il voit en nous des âmes peu communes,
Hors de l'ordre commun il nous fait des fortunes[1].
Combattre un ennemi pour le salut de tous,
Et contre un inconnu s'exposer seul aux coups,
D'une simple vertu c'est l'effet ordinaire :
440 Mille déjà l'ont fait, mille pourraient le faire ;
Mourir pour le pays est un si digne sort
Qu'on briguerait en foule une si belle mort ;
Mais vouloir au public immoler[2] ceux qu'on aime,
S'attaquer au combat contre un autre soi-même,
445 Attaquer un parti qui prend pour défenseur
Le frère d'une femme et l'amant d'une sœur,
Et, rompant tous ces nœuds, s'armer pour la patrie
Contre un sang qu'on voudrait racheter de sa vie,
Une telle vertu n'appartenait qu'à nous ;
450 L'éclat de son grand nom[3] lui fait peu de jaloux,
Et peu d'hommes au cœur[4] l'ont assez imprimée[5]
Pour oser aspirer à tant de renommée.

CURIACE

Il est vrai que nos noms ne sauraient[6] plus périr.
L'occasion est belle, il nous la faut chérir.
455 Nous serons les miroirs[7] d'une vertu bien rare ;
Mais votre fermeté tient un peu du barbare[8].
Peu, même des grands cœurs, tireraient vanité
D'aller par ce chemin à l'immortalité.
À quelque prix qu'on mette une telle fumée[9],

---

1. Hors ... fortunes : il nous donne des destinées hors du commun.
2. Au public immoler : sacrifier au bien, à l'intérêt (publics).
3. L'éclat de son grand nom : sa renommée si éclatante (il s'agit de la vertu).
4. Au cœur : dans leur cœur.
5. Imprimée : gravée, marquée (latinisme).
6. Sauraient : pourraient.
7. Miroirs : exemples, modèles.
8. Tient ... du barbare : ressemble à de la barbarie.
9. Fumée : gloire vaine.

460 L'obscurité vaut mieux que tant de renommée.
Pour moi, je l'ose dire, et vous l'avez pu voir,
Je n'ai point consulté[1] pour suivre mon devoir ;
Notre longue amitié, l'amour, ni l'alliance,
N'ont pu mettre un moment mon esprit en balance[2] ;
465 Et puisque par ce choix Albe montre en effet[3]
Qu'elle m'estime autant que Rome vous a fait[4],
Je crois faire pour elle autant que vous pour Rome.
J'ai le cœur aussi bon[5], mais enfin je suis homme.
Je vois que votre honneur demande tout mon sang,
470 Que tout le mien consiste à vous percer le flanc,
Près d'épouser la sœur, qu'il faut tuer le frère,
Et que pour mon pays j'ai le sort si contraire.
Encor qu'à mon devoir je coure sans terreur,
Mon cœur s'en effarouche[6], et j'en frémis d'horreur ;
475 J'ai pitié de moi-même et jette un œil d'envie
Sur ceux dont notre guerre a consumé la vie,
Sans souhait toutefois de pouvoir reculer.
Ce triste et fier[7] honneur m'émeut sans m'ébranler.
J'aime ce qu'il me donne, et je plains[8] ce qu'il m'ôte ;
480 Et si Rome demande une vertu plus haute,
Je rends grâces aux dieux de n'être pas Romain,
Pour conserver encor quelque chose d'humain.

HORACE

Si vous n'êtes Romain, soyez digne de l'être ;
Et si vous m'égalez, faites-le mieux paraître.
485 La solide vertu dont je fais vanité
N'admet point de faiblesse avec sa fermeté ;

---

1. **Consulté** : réfléchi longuement, délibéré.
2. **En balance** : en état d'hésitation.
3. **En effet** : en pratique, en réalité.
4. **Vous a fait** : vous a estimé (le verbe « faire » reprend souvent, à l'époque classique, le dernier verbe exprimé).
5. **Bon** : noble, courageux.
6. **S'effaroucher** : se cabrer, se révolter.
7. **Fier** : cruel, barbare.
8. **Je plains** : je regrette.

Et c'est mal de l'honneur entrer dans la carrière
Que dès le premier pas regarder en arrière.
Notre malheur est grand ; il est au plus haut point ;
490 Je l'envisage entier[1] ; mais je n'en frémis point :
Contre qui que ce soit que mon pays m'emploie,
J'accepte aveuglément cette gloire avec joie ;
Celle de recevoir de tels commandements
Doit étouffer en nous tous autres sentiments.
495 Qui, près de le[2] servir, considère autre chose,
À faire ce qu'il doit lâchement se dispose[3],
Ce droit saint et sacré rompt tout autre lien.
Rome a choisi mon bras, je n'examine rien :
Avec une allégresse aussi pleine et sincère
500 Que j'épousai la sœur, je combattrai le frère ;
Et, pour trancher enfin ces discours superflus,
Albe vous a nommé, je ne vous connais plus.

CURIACE

Je vous connais encore, et c'est ce qui me tue ;
Mais cette âpre vertu ne m'était pas connue ;
505 Comme notre malheur elle est au plus haut point :
Souffrez que je l'admire et ne l'imite point.

HORACE

Non, non, n'embrassez pas de vertu par contrainte ;
Et puisque vous trouvez plus de charme à la plainte,
En toute liberté goûtez un bien si doux ;
510 Voici venir ma sœur pour se plaindre avec vous.
Je vais revoir la vôtre et résoudre[4] son âme
À se bien souvenir qu'elle est toujours ma femme,
À vous aimer encor, si je meurs par vos mains,
Et prendre en son malheur des sentiments romains.

---

1. **Je l'envisage entier** : je le contemple dans son intégralité.
2. **Le** : mis pour « mon pays ».
3. **À faire ... se dispose** : se prépare mollement à accomplir son devoir.
4. **Résoudre** : décider.

Repères

• Au moment où le rideau se lève sur le deuxième acte, quelle est la situation exacte d'Horace et de Curiace ?
• Montrez l'intérêt de la scène 2 d'un point de vue dramatique et pathétique.

Observation

• Les compliments dont Curiace accable Horace au début de la scène 1 s'expliquent-ils par un simple excès de politesse ou traduisent-ils un complexe d'infériorité de Curiace devant Horace ?
• Dégagez les parallélismes et les oppositions entre les deux tirades des vers 347-370 et 371-388. Qu'en déduisez-vous à propos du caractère des deux protagonistes ?
• Quelle est la réaction de Curiace à la scène 2 ? Quelle est alors l'attitude d'Horace ?
• Que révèlent chez Curiace l'emphase et la grandiloquence des vers 423-430 ?
• Dans les vers 431-452, relevez les expressions traduisant la volonté de gloire et d'héroïsme d'Horace.
• Montrez que la tirade de Curiace (v. 453-482) s'efforce de maintenir un équilibre entre les termes exprimant les valeurs de l'humanité et les valeurs de la gloire.
• Commentez le vers 492 et le très célèbre vers 502. Pourquoi employer des images exprimant la rupture dans cette tirade ?
• Quelles expressions trahissent la faiblesse de Curiace dans les vers 503-514 ?

Interprétations

Une morale héroïque

• Comment pouvez-vous définir l'héroïsme cornélien d'après la scène 3 ?
• Selon vous, Corneille défend-il plutôt le point de vue héroïque d'Horace, ou celui, plus humain, de Curiace ?
• Si l'on se rappelle que, pour Aristote, le tragique sera d'autant plus fort que les personnages seront parents ou amis (*Poétique, XIV*), Corneille est-il fidèle aux principes d'Aristote ?

SCÈNE 4. HORACE, CURIACE, CAMILLE.

HORACE

515 Avez-vous su l'état[1] qu'on fait de Curiace,
Ma sœur ?

CAMILLE

Hélas ! mon sort a bien changé de face.

HORACE

Armez-vous de constance, et montrez-vous ma sœur ;
Et si par mon trépas il retourne[2] vainqueur,
Ne le recevez point en meurtrier d'un frère,
520 Mais en homme d'honneur qui fait ce qu'il doit faire,
Qui sert bien son pays, et sait montrer à tous,
Par sa haute vertu, qu'il est digne de vous.
Comme si je vivais, achevez l'hyménée[3] ;
Mais si ce fer[4] aussi tranche sa destinée,
525 Faites[5] à ma victoire un pareil traitement :
Ne me reprochez point la mort de votre amant.
Vos larmes vont couler, et votre cœur se presse[6],
Consumez[7] avec lui toute cette faiblesse,
Querellez[8] ciel et terre, et maudissez le sort ;
530 Mais après le combat ne pensez plus au mort.
(À Curiace.)
Je ne vous laisserai qu'un moment avec elle,
Puis nous irons ensemble où l'honneur nous appelle.

---

1. **L'état :** le cas, l'estime.
2. **Retourne :** revient.
3. **Achevez l'hyménée :** célébrez le mariage.
4. **Ce fer :** Horace montre son glaive.
5. **Faites :** accordez.
6. **Se presse :** se serre.
7. **Consumez :** épuisez.
8. **Querellez :** accusez, invectivez.

SCÈNE 5. CAMILLE, CURIACE.

CAMILLE

Iras-tu, Curiace, et ce funeste honneur
Te plaît-il aux dépens de tout notre bonheur ?

CURIACE

535 Hélas ! je vois trop bien qu'il faut, quoi que je fasse,
Mourir, ou de douleur, ou de la main d'Horace.
Je vais comme au supplice à cet illustre emploi[1] ;
Je maudis mille fois l'état qu'on fait de moi,
Je hais cette valeur qui fait qu'Albe m'estime ;
540 Ma flamme au désespoir passe jusques au crime,
Elle se prend[2] au ciel et l'ose quereller,
Je vous plains, je me plains ; mais il y faut aller.

CAMILLE

Non ; je te connais mieux, tu veux que je te prie
Et qu'ainsi mon pouvoir[3] t'excuse à ta patrie[4].
545 Tu n'es que trop fameux par tes autres exploits :
Albe a reçu par eux tout ce que tu lui dois.
Autre[5] n'a mieux que toi soutenu cette guerre ;
Autre de plus de morts n'a couvert notre terre.
Ton nom[6] ne peut plus croître, il ne lui manque rien ;
550 Souffre qu'un autre ici puisse ennoblir le sien.

CURIACE

Que je souffre à mes yeux[7] qu'on ceigne une autre tête
Des lauriers immortels[8] que la gloire m'apprête,
Ou que tout mon pays reproche à ma vertu

---

1. **Emploi** : mission.
2. **Elle se prend** : elle s'en prend.
3. **Mon pouvoir** : l'influence que j'ai sur toi.
4. **À ta patrie** : auprès de, aux yeux de ta patrie.
5. **Autre** : aucun autre.
6. **Ton nom** : ta renommée, ta gloire.
7. **À mes yeux** : sous mes yeux, en ma présence (complément circonstanciel portant sur « ceigne »).
8. **Des lauriers immortels** : la couronne de lauriers était un symbole de la victoire.

Qu'il aurait triomphé si j'avais combattu,
555 Et que sous mon amour ma valeur endormie
Couronne tant d'exploits d'une telle infamie !
Non, Albe, après l'honneur que j'ai reçu de toi,
Tu ne succomberas ni vaincras que par moi ;
Tu m'as commis[1] ton sort, je t'en rendrai bon compte,
560 Et vivrai sans reproche, ou périrai sans honte.

CAMILLE
Quoi ! tu ne veux pas voir qu'ainsi tu me trahis !

CURIACE
Avant que d'être à vous, je suis à mon pays.

CAMILLE
Mais te priver pour lui toi-même d'un beau-frère,
Ta sœur de son mari[2] !

CURIACE
Telle est notre misère :
565 Le choix d'Albe et de Rome ôte toute douceur
Aux noms jadis si doux de beau-frère et de sœur.

CAMILLE
Tu pourras donc, cruel, me présenter sa tête,
Et demander ma main pour prix de ta conquête !

CURIACE
Il n'y faut plus penser : en l'état où je suis,
570 Vous aimer sans espoir, c'est tout ce que je puis.
Vous en[3] pleurez, Camille ?

CAMILLE
Il faut bien que je pleure :
Mon insensible amant ordonne que je meure ;
Et quand l'hymen pour nous allume son flambeau[4],
Il l'éteint de sa main pour m'ouvrir le tombeau.

---

1. **Commis** : confié.
2. **Ta sœur de son mari** : mais priver ta sœur de son mari (ellipse).
3. **En** : à cause de cela.
4. **Flambeau** : allusion aux torches qu'on allumait dans l'Antiquité lors des mariages.

575 Ce cœur impitoyable à ma perte s'obstine,
Et dit qu'il m'aime encore alors qu'il m'assassine[1].

CURIACE

Que les pleurs d'une amante ont de puissants discours[2] ;
Et qu'un bel œil[3] est fort avec un tel secours !
Que mon cœur s'attendrit à cette triste vue !
580 Ma constance contre elle à regret s'évertue.
N'attaquez plus ma gloire avec tant de douleurs,
Et laissez-moi sauver ma vertu de vos pleurs ;
Je sens qu'elle chancelle et défend mal la place[4] :
Plus je suis votre amant, moins je suis Curiace.
585 Faible d'avoir déjà combattu l'amitié,
Vaincrait-elle à la fois l'amour et la pitié[5] ?
Allez, ne m'aimez plus, ne versez plus de larmes,
Ou j'oppose l'offense[6] à de si fortes armes ;
. Je me défendrai mieux contre votre courroux,
590 Et pour le mériter je n'ai plus d'yeux pour vous.
Vengez-vous d'un ingrat, punissez un volage.
Vous ne vous montrez point sensible à cet outrage !
Je n'ai plus d'yeux pour vous, vous en avez pour moi !
En faut-il plus encor ? je renonce à ma foi.
595 Rigoureuse vertu dont je suis la victime,
Ne peux-tu résister sans le secours d'un crime ?

CAMILLE

Ne fais point d'autre crime, et j'atteste les dieux
Qu'au lieu de t'en hair, je t'en aimerai mieux ;
Oui, je te chérirai, tout ingrat et perfide[7],

---

1. **M'assassine** : à prendre à la fois au sens galant et métaphorique (me brise
le cœur) et au sens propre.
2. **Discours** : paroles, arguments.
3. **Bel œil** : beau visage, belle personne (métonymie galante).
4. **Défend mal la place** : a tendance à céder (métaphore militaire).
5. **Faible d'avoir ... et la pitié** : alors que ma vertu est déjà affaiblie par le
combat qu'elle a livré contre l'amitié, serait-elle encore capable de vaincre
l'amour et la pitié ?
6. **L'offense** : l'outrage, l'insulte.
7. **Tout ingrat et perfide** : tout ingrat et perfide que tu es.

600 Et cesse d'aspirer au nom de fratricide.
Pourquoi suis-je Romaine, ou que n'es-tu Romain ?
Je te préparerais des lauriers de ma main ;
Je t'encouragerais, au lieu de te distraire[1],
Et je te traiterais comme j'ai fait[2] mon frère.
605 Hélas ! j'étais aveugle en mes vœux aujourd'hui ;
J'en ai fait contre toi quand j'en ai fait pour lui.
Il revient : quel malheur, si l'amour de sa femme
Ne peut non plus[3] sur lui que le mien sur ton âme.

Scène 6. Horace, Curiace, Camille, Sabine.

CURIACE

Dieux ! Sabine le suit ! Pour ébranler mon cœur,
610 Est-ce peu de Camille ? y[4] joignez-vous ma sœur ?
Et laissant à[5] ses pleurs vaincre ce grand courage,
L'amenez-vous ici chercher même avantage ?

SABINE

Non, non, mon frère, non ; je ne viens en ce lieu
Que pour vous embrasser et pour vous dire adieu.
615 Votre sang est trop bon, n'en craignez rien de lâche,
Rien dont la fermeté de ces grands cœurs se fâche[6] :
Si ce malheur illustre ébranlait l'un de vous,
Je le désavouerais pour[7] frère ou pour époux.
Pourrais-je toutefois vous faire une prière
620 Digne d'un tel époux et digne d'un tel frère ?
Je veux d'un coup si noble ôter l'impiété,

---

1. **Distraire :** détourner (de ton devoir).
2. **Comme j'ai fait :** comme j'ai traité.
3. **Non plus :** pas plus.
4. **Y :** lui.
5. **À :** par.
6. **Se fâche :** s'afflige, s'attriste.
7. **Désavouerais pour :** renierais en tant que.

À l'honneur qui l'attend rendre sa pureté,
La mettre en son éclat sans mélange de crimes ;
Enfin je vous veux faire ennemis légitimes.
625 Du saint nœud qui vous joint je suis le seul lien :
Quand je ne serai plus, vous ne vous serez rien.
Brisez votre alliance et rompez-en la chaîne ;
Et puisque votre honneur veut des effets[1] de haine,
Achetez par ma mort le droit de vous haïr :
630 Albe le veut, et Rome ; il faut leur obéir.
Qu'un de vous deux me tue, et que l'autre me venge :
Alors votre combat n'aura plus rien d'étrange[2]
Et du moins l'un des deux sera juste agresseur,
Ou pour venger sa femme, ou pour venger sa sœur.
635 Mais quoi ? vous souilleriez une gloire si belle,
Si vous vous animiez[3] par quelque autre querelle :
Le zèle du pays[4] vous défend de tels soins ;
Vous feriez peu pour lui si vous vous étiez moins[5] :
Il lui faut, et sans haine, immoler un beau-frère.
640 Ne différez donc plus ce que vous devez faire :
Commencez par sa sœur à répandre son sang[6],
Commencez par sa femme à lui percer le flanc.
Commencez par Sabine à faire de vos vies
Un digne sacrifice à vos chères patries :
645 Vous êtes ennemis en ce combat fameux,
Vous d'Albe, vous de Rome, et moi de toutes deux.
Quoi ? me réservez-vous à voir[7] une victoire
Où, pour haut appareil d'une pompeuse gloire[8],

---

1. **Effets** : actes.
2. **Étrange** : insolite, choquant.
3. **Si vous vous animiez** : si vous vous donniez du courage.
4. **Du pays** : pour la patrie.
5. **Vous feriez peu ... moins** : vos actions pour la patrie auraient peu de valeur si vous étiez moins étroitement liés.
6. **Son sang** : le sang d'un beau-frère.
7. **Me réservez-vous à voir** : m'épargnez-vous pour que je voie.
8. **Pour haut appareil d'une pompeuse gloire** : en guise d'ornement suprême d'une procession triomphale.

SABINE (Hélène Arié). ... Je ne viens en ce lieu
Que pour vous embrasser et pour vous dire adieu.
*Curiace (Bernard Lanneau). Mise en scène de Marcelle Tassancourt
et Thierry Maulnier. Festival de Versailles, 1986.*

Je verrai les lauriers d'un frère ou d'un mari
650 Fumer encor d'un sang que j'aurai tant chéri ?
Pourrai-je entre vous deux régler[1] alors mon âme,
Satisfaire aux devoirs et de sœur et de femme,
Embrasser le vainqueur en pleurant le vaincu ?

---

1. **Régler :** partager équitablement.

Non, non, avant ce coup[1] Sabine aura vécu :
655 Ma mort le préviendra, de qui que je l'obtienne ;
Le refus de vos mains y condamne la mienne[2].
Sus[3] donc, qui[4] vous retient ? Allez, cœurs inhumains,
J'aurai trop de moyens pour y forcer vos mains.
Vous ne les aurez point au combat occupées
660 Que ce corps au milieu n'arrête vos épées[5],
Et, malgré vos refus, il faudra que leurs coups
Se fassent jour ici[6] pour aller jusqu'à vous.

HORACE

Ô ma femme !

CURIACE

Ô ma sœur !

CAMILLE

Courage ! ils s'amollissent[7].

SABINE

Vous poussez des soupirs ; vos visages pâlissent !
665 Quelle peur vous saisit ? Sont-ce là ces grands cœurs,
Ces héros qu'Albe et Rome ont pris pour défenseurs ?

HORACE

Que t'ai-je fait, Sabine, et quelle est mon offense,
Qui[8] t'oblige à chercher une telle vengeance ?
Que t'a fait mon honneur et par quel droit viens-tu
670 Avec toute ta force attaquer ma vertu ?
Du moins contente-toi de l'avoir étonnée,
Et me laisse achever cette grande journée.

---

1. **Coup** : événement brutal.
2. **Le refus ... mienne** : le refus de me tuer de vos propres mains m'obligerait
à le faire moi-même.
3. **Sus** : allons.
4. **Qui** : qu'est-ce qui (neutre).
5. **Vous ne ... épées** : vos mains ne seront pas si occupées au combat que je
ne puisse, en m'interposant, arrêter vos épées.
6. **Se fassent jour ici** : s'ouvrent un passage à travers ma poitrine (qu'elle
désigne du geste).
7. **Ils s'amollissent** : ils s'attendrissent.
8. **Qui** : qu'est-ce qui.

Tu me viens de réduire en un étrange point[1] ;
Aime assez ton mari pour n'en triompher point.
675 Va-t'en, et ne rends plus la victoire douteuse ;
La dispute[2] déjà m'en est assez honteuse :
Souffre qu'avec honneur je termine mes jours.

SABINE
Va, cesse de me craindre : on vient à ton secours.

SCÈNE 7. LE VIEIL HORACE, HORACE, CURIACE, SABINE, CAMILLE.

LE VIEIL HORACE
Qu'est ceci, mes enfants ? écoutez-vous vos flammes,
680 Et perdez-vous encor le temps avec des femmes ?
Prêts à verser du sang, regardez-vous des pleurs ?
Fuyez, et laissez-les déplorer leurs malheurs.
Leurs plaintes ont pour vous trop d'art et de tendresse.
Elles vous feraient part enfin[3] de[4] leur faiblesse,
685 Et ce n'est qu'en fuyant qu'on pare de tels coups.

SABINE
N'appréhendez rien d'eux[5], ils sont dignes de vous.
Malgré tous nos efforts, vous en devez attendre
Ce que vous souhaitez et d'un fils et d'un gendre ;
Et si notre faiblesse ébranlait leur honneur,
690 Nous vous laissons ici pour leur rendre du cœur.
Allons, ma sœur, allons, ne perdons plus de larmes :
Contre tant de vertus ce sont de faibles armes.
Ce n'est qu'au désespoir qu'il nous faut recourir.
Tigres, allez combattre, et nous, allons mourir.

---

1. **Réduire en un étrange point** : mettre dans un état inhabituel.
2. **La dispute** : le fait d'en débattre, d'en discuter.
3. **Enfin** : à la longue.
4. **Feraient part de** : feraient partager.
5. **N'appréhendez rien d'eux** : n'ayez aucune crainte à leur sujet.

SCÈNE 8. LE VIEIL HORACE, HORACE, CURIACE.

HORACE

695 Mon père, retenez des femmes qui s'emportent[1],
Et de grâce empêchez surtout qu'elles ne sortent.
Leur amour importun viendrait avec éclat[2]
Par des cris et des pleurs troubler notre combat ;
Et ce qu'elles nous sont[3] ferait qu'avec justice
700 On nous imputerait ce mauvais artifice[4].
L'honneur d'un si beau choix serait trop acheté,
Si l'on nous soupçonnait de quelque lâcheté.

LE VIEIL HORACE

J'en aurai soin. Allez, vos frères vous attendent ;
Ne pensez qu'aux devoirs que vos pays demandent.

CURIACE

705 Quel adieu vous dirai-je ? et par quels compliments[5]...

LE VIEIL HORACE

Ah ! n'attendrissez point ici mes sentiments ;
Pour vous encourager ma voix manque de termes ;
Mon cœur ne forme point de pensers[6] assez fermes ;
Moi-même en cet adieu j'ai des larmes aux yeux.
710 Faites votre devoir, et laissez faire aux dieux[7].

---

1. **S'emportent :** ne se contrôlent plus.
2. **Avec éclat :** en causant du scandale.
3. **Ce qu'elles nous sont :** ce qu'elles sont pour nous (une femme, une fiancée, des sœurs).
4. **On nous imputerait ce mauvais artifice :** on nous accuserait d'avoir monté ce stratagème (pour ne pas combattre).
5. **Compliments :** formules de politesse.
6. **Pensers :** pensées.
7. **Aux dieux :** les dieux.

REPÈRES

• Quel est l'intérêt de la scène 4 pour la suite de la pièce ?
• Résumez l'évolution de l'action au cours des scènes 4 à 8.
• Quel est, à la fin de l'acte, l'événement qui vient redonner l'avantage au « clan des hommes » ?

OBSERVATION

• Quel est l'intérêt du vers 532 pour la psychologie d'Horace ?
• Dans les vers 535-542, quelles expressions font de Curiace un battu d'avance ?
• Quelle est la tactique de Camille dans la scène 5 ? Quels sont ses arguments successifs pour tenter de convaincre Curiace de renoncer au combat ?
• Par quels arguments Curiace répond-il à Camille dans les vers 551-560 ? Qui avait déjà développé ces mêmes arguments ?
• Quel est le nouveau ton adopté par Curiace dans les vers 577-596 ? Quel type de vocabulaire emploie-t-il ? Qu'en déduisez-vous ?
• Quelle est la tactique adoptée par Sabine dans la longue tirade des vers 613-662 ? Vous dégagerez le plan précis de la tirade et vous résumerez son argumentation. Dans quelles expressions peut-on sentir de l'ironie ?
• Commentez le vers 663, prononcé par trois personnages.
• Mettez en évidence le respect, et même la crainte, qu'inspire à Horace l'intervention de sa femme (vers 667-677).
• Comment le vieil Horace considère-t-il les femmes (vers 679-685) ?
• En étudiant la scène 8, montrez comment Corneille a voulu compléter et nuancer le personnage du vieil Horace.

INTERPRÉTATIONS

• Pourquoi l'offensive des femmes a-t-elle échoué ?
• Dans quel état d'esprit Horace et Curiace partent-ils au combat ? Quel est le mieux armé moralement ?
• Sur quelle impression Corneille veut-il nous laisser au moment du baisser du rideau ?

La dynamique de l'acte

• Peut-on légitimement affirmer que le début (sc. 1 et 2) et la fin (sc. 7 et 8) de l'acte II présentent un intérêt essentiellement dramatique, le milieu de l'acte étant, quant à lui, surtout consacré à l'analyse psychologique ?

• Peut-on considérer la scène 3 comme le sommet de l'acte ?

• L'acte I, commencé dans l'inquiétude, se terminait sur une note de soulagement ; mettez en évidence le mouvement inverse de l'acte II.

Les personnages

• L'opposition entre Horace et Curiace tient en partie à la différence de leurs caractères ; mais, plus fondamentalement, elle recouvre deux conceptions différentes du devoir, de la gloire et de l'héroïsme ; quelle est, pour chacun d'eux, la valeur suprême ?

• Des deux personnages d'Horace et de Curiace, lequel vous paraît le plus proche de vous ? Pourquoi ? À qui, selon vous, allait la préférence de Corneille ?

• Pourquoi Julie est-elle absente de l'acte II ?

• Quel est l'intérêt de l'entrée en scène du vieil Horace ?

Les thèmes

• Quelles sont les relations diverses entretenues par les quatre personnages principaux avec l'action et la passion ?

• Des deux personnages masculins (Horace et Curiace), lequel nie la nature, et lequel s'efforce de réhabiliter les droits de la nature ? Que pouvez-vous en déduire ?

• Corneille a cherché à opposer une attitude masculine à une attitude féminine : en nuançant votre réponse, de quel côté rangez-vous chacun des personnages ?

Acte III

Scène première. Sabine.

Prenons parti, mon âme, en de telles disgrâces[1] :
Soyons femme d'Horace, ou sœur des Curiaces ;
Cessons de partager nos inutiles soins ;
Souhaitons quelque chose, et craignons un peu moins.
715 Mais, las[2] ! quel parti prendre en un sort si contraire ?
Quel ennemi choisir, d'un époux ou d'un frère ?
La nature ou l'amour parle pour chacun d'eux,
Et la loi du devoir m'attache à tous les deux.
Sur leurs hauts sentiments réglons plutôt les nôtres ;
720 Soyons femme de l'un ensemble[3] et sœur des autres :
Regardons leur honneur comme un souverain bien ;
Imitons leur constance, et ne craignons plus rien.
La mort qui les menace est une mort si belle
Qu'il en faut sans frayeur attendre la nouvelle.
725 N'appelons point alors les destins inhumains[4] ;
Songeons pour quelle cause, et non par quelles mains ;
Revoyons les vainqueurs, sans penser qu'à[5] la gloire
Que toute leur maison reçoit de leur victoire ;
Et, sans considérer aux dépens de quel sang
730 Leur vertu les élève en cet illustre rang,
Faisons nos intérêts de ceux de leur famille :
En l'une je suis femme, en l'autre je suis fille,
Et tiens à toutes deux par de si forts liens
Qu'on ne peut triompher que par les bras des miens.

---

1. **Disgrâces** : malheurs, infortunes.
2. **Las** : hélas.
3. **Ensemble** : à la fois.
4. **N'appelons ... inhumains** : n'appelons point alors inhumains les destins. « Inhumains » est attribut du complément d'objet direct.
5. **Qu'à** : à autre chose qu'à.

*Brigitte Jaques, interprète de Sabine
et metteur en scène d'Horace
au Théâtre national de Chaillot, 1989.*

735 Fortune, quelques maux que ta rigueur m'envoie,
   J'ai trouvé les moyens d'en tirer de la joie,
   Et puis voir aujourd'hui le combat sans terreur,
   Les morts sans désespoir, les vainqueurs sans horreur.
   Flatteuse illusion, erreur douce et grossière,
740 Vain effort de mon âme, impuissante lumière
   De qui le faux brillant prend droit de m'éblouir[1],
   Que tu sais peu durer et tôt t'évanouir !
   Pareille à ces éclairs qui dans le fort des ombres[2]
   Poussent un jour[3] qui fuit et rend les nuits plus sombres,
745 Tu n'as frappé mes yeux d'un moment de clarté
   Que pour les abîmer[4] dans plus d'obscurité.
   Tu charmais trop ma peine, et le ciel, qui s'en fâche,
   Me vend déjà bien cher ce moment de relâche.
   Je sens mon triste cœur percé de tous les coups
750 Qui m'ôtent maintenant un frère ou mon époux.
   Quand je songe à leur mort, quoi que je me propose,
   Je songe par quel bras, et non pour quelle cause,
   Et ne vois les vainqueurs en leur illustre rang
   Que pour considérer aux dépens de quel sang.
755 La maison des vaincus touche seule mon âme :
   En l'une je suis fille, en l'autre je suis femme,
   Et tiens à toutes deux par de si forts liens
   Qu'on ne peut triompher que par la mort des miens.
   C'est là donc cette paix que j'ai tant souhaitée !
760 Trop favorables dieux, vous m'avez écoutée !
   Quels foudres[5] lancez-vous quand vous vous irritez,
   Si même vos faveurs ont tant de cruautés ?
   Et de quelle façon punissez-vous l'offense,
   Si vous traitez ainsi les vœux de l'innocence ?

---

1. **De qui ... m'éblouir** : dont l'éclat trompeur se permet de m'aveugler.
2. **Le fort des ombres** : l'ombre la plus épaisse.
3. **Poussent un jour** : jettent une clarté.
4. **Abîmer** : précipiter, plonger.
5. **Foudres** : genre masculin, habituel au XVIIᵉ siècle.

*Sabine (Hélène Arié) et Julie (Annick Fougery)
dans une mise en scène de Marcelle Tassencourt
et Thierry Maulnier. Festival de Versailles, 1986.*

SCÈNE 2. SABINE, JULIE.

SABINE

765 En est-ce fait, Julie, et que m'apportez-vous ?
Est-ce la mort d'un frère, ou celle d'un époux ?
Le funeste succès de leurs armes impies
De tous les combattants a-t-il fait des hosties[1]
Et, m'enviant[2] l'horreur que j'aurais des vainqueurs,
770 Pour tous tant qu'ils étaient demande-t-il mes pleurs ?

---

1. **Hosties** : victimes (latinisme).
2. **M'enviant** : me refusant, ici, m'épargnant.

JULIE

Quoi ? ce qui s'est passé, vous l'ignorez encore ?

SABINE

Vous faut-il étonner de ce que je l'ignore,
Et ne savez-vous point que de cette maison
Pour Camille et pour moi l'on fait une prison ?
775 Julie, on nous renferme, on a peur de nos larmes ;
Sans cela nous serions au milieu de leurs armes,
Et, par les désespoirs d'une chaste amitié,
Nous aurions des deux camps tiré quelque pitié.

JULIE

Il n'était pas besoin d'un si tendre spectacle :
780 Leur vue à leur combat apporte assez d'obstacle.
Sitôt qu'ils ont paru prêts à se mesurer,
On a dans les deux camps entendu murmurer[1].
À voir[2] de tels amis, des personnes si proches,
Venir pour leur patrie aux mortelles approches[3],
785 L'un s'émeut de pitié, l'autre est saisi d'horreur,
L'autre d'un si grand zèle admire la fureur ;
Tel porte jusqu'aux cieux[4] leur vertu sans égale,
Et tel l'ose nommer sacrilège et brutale.
Ces divers sentiments n'ont pourtant qu'une voix ;
790 Tous accusent leurs chefs, tous détestent[5] leur choix ;
Et, ne pouvant souffrir un combat si barbare,
On s'écrie, on s'avance, enfin on les sépare.

SABINE

Que je vous dois d'encens, grands dieux, qui m'exaucez[6] !

JULIE

Vous n'êtes pas, Sabine, encore où vous pensez :
795 Vous pouvez espérer, vous avez moins à craindre ;

---

1. **Murmurer :** gronder (sens étymologique).
2. **À voir :** en voyant.
3. **Venir ... approches :** en venir ... à un corps à corps mortel.
4. **Porte jusqu'aux cieux :** porte aux nues, célèbre.
5. **Détestent :** maudissent.
6. **M'exaucez :** écoutez favorablement ma prière.

Mais il vous reste encore assez de quoi vous plaindre.
En vain d'un sort si triste on les veut garantir ;
Ces cruels généreux[1] n'y peuvent consentir :
La gloire de ce choix leur est si précieuse
800 Et charme tellement leur âme ambitieuse
Qu'alors qu'on les déplore[2] ils s'estiment heureux
Et prennent pour affront[3] la pitié qu'on a d'eux.
Le trouble des deux camps souille leur renommée ;
Ils combattront plutôt et l'une et l'autre armée,
805 Et mourront par les mains qui leur font d'autres lois,
Que pas un d'eux renonce aux honneurs d'un tel choix[4].

SABINE
Quoi ? dans leur dureté ces cœurs d'acier s'obstinent !

JULIE
Oui, mais d'autre côté les deux camps se mutinent,
Et leurs cris, des deux parts poussés en même temps
810 Demandent la bataille ou d'autres combattants,
La présence des chefs à peine est respectée,
Leur pouvoir est douteux, leur voix mal écoutée ;
Le roi même s'étonne, et, pour dernier effort :
« Puisque chacun, dit-il, s'échauffe en ce discord[5],
815 Consultons des grands dieux la majesté sacrée,
Et voyons si ce change[6] à leurs bontés agrée.
Quel impie osera se prendre à[7] leur vouloir,
Lorsqu'en un sacrifice ils nous l'auront fait voir ? »
Il se tait, et ces mots semblent être des charmes.
820 Même aux six combattants ils arrachent les armes ;
Et ce désir d'honneur qui leur ferme les yeux,

---

1. **Généreux** : ici, nom commun (hommes nobles et braves).
2. **Déplore** : plaint.
3. **Prennent pour affront** : considèrent comme un affront.
4. **Et mourront ... choix** : et mourront plutôt par les mains qui leur imposent de ne pas combattre plutôt que de renoncer à l'honneur d'avoir été choisis.
5. **Discord** : désaccord.
6. **Change** : changement.
7. **Se prendre à** : s'en prendre à, contester.

Tout aveugle qu'il est, respecte encor les dieux.
Leur plus bouillante ardeur cède à l'avis de Tulle ;
Et soit par déférence, ou par un prompt scrupule,
825 Dans l'une et l'autre armée on s'en fait une loi,
Comme si toutes deux le connaissaient pour roi.
Le reste s'apprendra par la mort des victimes[1].

SABINE

Les dieux n'avoueront point[2] un combat plein de crimes ;
J'en[3] espère beaucoup, puisqu'il est différé,
830 Et je commence à voir ce que j'ai désiré.

---

1. **Victimes** : animaux sacrifiés. L'examen de leurs entrailles était censé révéler
la volonté des dieux.
2. **N'avoueront point** : n'approuveront pas.
3. **En** : des dieux.

REPÈRES

• Quel laps de temps peut s'être écoulé entre les actes II et III ?
• Des scènes 1 et 2, laquelle possède un certain intérêt dramatique ? Et pourquoi ? Quelle est la fonction de l'autre scène ?

OBSERVATION

Le monologue de Sabine

• Après quatre vers d'introduction, une première partie (v. 715-738) s'efforce d'adopter le point de vue du devoir : relevez les mots participant à cet effort d'honneur et de gloire, ainsi que les expressions manifestant la volonté de n'avoir pas peur.
• Une deuxième partie (vers 740-759) défend le point de vue inverse. Relevez le vocabulaire de l'illusion et montrez comment les vers 751-758 s'opposent vers à vers à certains vers de la première partie.
• Quelle est la conclusion de la tirade ?

La scène 2

• Montrez que les tirades de Julie constituent un récit épique en trois parties ; donnez un titre à chacune.
• Qualifiez la réaction de Sabine à chacune de ces parties.

INTERPRÉTATIONS

• Il n'y a que deux véritables monologues dans *Horace* ; quel est l'intérêt d'en faire prononcer un à Sabine ?
• Sabine s'adresse à plusieurs reprises aux dieux : quelles attitudes successives adopte-t-elle à leur égard ?
• Pourquoi Corneille a-t-il ajouté l'épisode de la scène 2, absent chez l'historien Tite-Live, dont il s'était inspiré ?

SCÈNE 3. SABINE, CAMILLE, JULIE.

SABINE
Ma sœur, que je vous die[1] une bonne nouvelle.

CAMILLE
Je pense la savoir, s'il faut la nommer telle.
On l'a dite à mon père, et j'étais avec lui ;
Mais je n'en conçois rien qui flatte mon ennui.
835 Ce délai de nos maux rendra leurs coups plus rudes ;
Ce n'est qu'un plus long terme à nos inquiétudes ;
Et tout l'allégement qu'il en faut espérer,
C'est de pleurer plus tard ceux qu'il faudra pleurer.

SABINE
Les dieux n'ont pas en vain inspiré ce tumulte[2].

CAMILLE
840 Disons plutôt, ma sœur, qu'en vain on les consulte.
Ces mêmes dieux à Tulle ont inspiré ce choix[3] ;
Et la voix du public[4] n'est pas toujours leur voix ;
Ils descendent bien moins dans de si bas étages[5]
Que dans l'âme des rois, leurs vivantes images,
845 De qui l'indépendante et sainte autorité
Est un rayon secret de leur divinité.

JULIE
C'est vouloir sans raison vous former des obstacles
Que de chercher leur voix ailleurs qu'en leurs oracles ;
Et vous ne vous pouvez figurer tout perdu[6],
850 Sans démentir celui qui vous fut hier rendu.

---

1. **Die** : dise ; « die » est une forme archaïque.
2. **Tumulte** : révolte, désordre (sens étymologique).
3. **Ce choix** : c'est-à-dire la décision de choisir trois champions dans chaque camp.
4. **Public** : peuple.
5. **De si bas étages** : des âmes aussi basses, des conditions aussi humbles.
6. **Et ... perdu** : et vous ne pouvez vous figurer que tout est perdu.

CAMILLE

Un oracle jamais ne se laisse comprendre :
On l'entend d'autant moins que plus on croit l'entendre[1] ;
Et loin de s'assurer sur[2] un pareil arrêt,
Qui n'y voit rien d'obscur doit croire que tout l'est.

SABINE

855 Sur ce qui fait pour nous[3] prenons plus d'assurance,
Et souffrons les douceurs d'une juste[4] espérance,
Quand la faveur du ciel ouvre à demi ses bras,
Qui ne s'en promet[5] rien ne la mérite pas ;
Il empêche souvent qu'elle ne se déploie,
860 Et lorsqu'elle descend, son refus la renvoie.

CAMILLE

Le ciel agit sans nous en ces événements,
Et ne les règle point dessus[6] nos sentiments.

JULIE

Il ne vous a fait peur que pour vous faire grâce.
Adieu : je vais savoir comme[7] enfin tout se passe.
865 Modérez vos frayeurs ; j'espère à mon retour
Ne vous entretenir que de propos d'amour,
Et que[8] nous n'emploierons la fin de la journée
Qu'aux doux préparatifs d'un heureux hyménée.

SABINE

J'ose encor l'espérer.

CAMILLE
Moi, je n'espère rien.

---

1. **Que plus on croit l'entendre :** qu'on croit mieux le comprendre.
2. **S'assurer sur :** mettre sa confiance en, se tranquilliser grâce à.
3. **Ce qui fait pour nous :** ce qui agit à notre avantage.
4. **Juste :** fondée, justifiée.
5. **S'en promet :** en attend.
6. **Dessus :** sur.
7. **Comme :** comment.
8. **Et que :** et (j'espère) que.

JULIE

870 L'effet[1] vous fera voir que nous en jugeons bien.

SCÈNE 4. SABINE, CAMILLE.

SABINE

Parmi vos déplaisirs souffrez que je vous blâme :
Je ne puis approuver tant de trouble en votre âme ;
Que feriez-vous, ma sœur, au point où[2] je me vois,
Si vous aviez à craindre autant que je le dois,
875 Et si vous attendiez de leurs armes fatales[3]
Des maux pareils aux miens, et des pertes égales ?

CAMILLE

Parlez plus sainement de vos maux et des miens :
Chacun voit ceux d'autrui d'un autre œil que les siens :
Mais à bien regarder ceux où[4] le ciel me plonge,
880 Les vôtres auprès d'eux vous sembleront un songe[5].
La seule mort d'Horace est à craindre pour vous.
Des frères ne sont rien à l'égal d'un époux ;
L'hymen qui nous attache en une autre famille
Nous détache de celle où l'on a vécu fille ;
885 On voit d'un œil divers des nœuds si différents,
Et pour suivre un mari l'on quitte ses parents ;
Mais, si près d'un hymen, l'amant que donne un père
Nous est moins qu'un époux, et non pas moins qu'un frère :
Nos sentiments entre eux demeurent suspendus[6],
890 Notre choix impossible, et nos vœux confondus.
Ainsi, ma sœur, du moins vous avez dans vos plaintes

---

1. **L'effet :** la réalité, les faits.
2. **Au point où :** dans la situation où.
3. **Fatales :** qui apportent la mort.
4. **Où :** dans lesquels.
5. **Un songe :** une chimère.
6. **Demeurent suspendus :** restent incertains, hésitants.

Où porter vos souhaits et terminer vos craintes[1] ;
Mais si le ciel s'obstine à nous persécuter,
Pour moi, j'ai tout à craindre, et rien à souhaiter.

SABINE

895 Quand il faut que l'un meure et par les mains de l'autre,
C'est un raisonnement bien mauvais que le vôtre.
Quoique ce soient, ma sœur, des nœuds bien différents,
C'est sans les oublier qu'on quitte ses parents :
L'hymen n'efface point ces profonds caractères[2] ;
900 Pour aimer[3] un mari, l'on ne hait pas ses frères :
La nature en tout temps garde ses premiers droits ;
Aux dépens de leur vie on ne fait point de choix :
Aussi bien qu'un époux ils sont d'autres nous-mêmes ;
Et tous maux sont pareils alors qu'ils sont extrêmes.
905 Mais l'amant qui vous charme et pour qui vous brûlez
Ne vous est, après tout, que ce que vous voulez ;
Une mauvaise humeur, un peu de jalousie,
En fait assez souvent passer la fantaisie ;
Ce que peut le caprice, osez-le par raison,
910 Et laissez votre sang hors de comparaison :
C'est crime qu'opposer des liens volontaires
À ceux que la naissance a rendus nécessaires.
Si donc le ciel s'obstine à nous persécuter,
Seule j'ai tout à craindre, et rien à souhaiter ;
915 Mais pour vous, le devoir vous donne, dans vos plaintes,
Où porter vos souhaits et terminer vos craintes.

CAMILLE

Je le vois bien, ma sœur, vous n'aimâtes jamais ;
Vous ne connaissez point ni l'amour ni ses traits :
On peut lui résister quand il commence à naître,
920 Mais non pas le bannir quand il s'est rendu maître,

---

1. **Où ... vos craintes** : quelque chose à espérer qui apaiserait définitivement
vos craintes.
2. **Caractères** : empreintes, impressions gravées en nous.
3. **Pour aimer** : parce qu'on aime (valeur causale).

Et que[1] l'aveu[2] d'un père, engageant notre foi,
A fait de ce tyran un légitime roi :
Il entre avec douceur, mais il règne par force ;
Et quand l'âme une fois a goûté son amorce[3],
925 Vouloir ne plus aimer, c'est ce qu'elle ne peut,
Puisqu'elle ne peut plus vouloir que ce qu'il veut :
Ses chaînes sont pour nous aussi fortes que belles.

Scène 5. Le Vieil Horace, Sabine, Camille.

LE VIEIL HORACE
Je viens vous apporter de fâcheuses nouvelles,
Mes filles ; mais en vain je voudrais vous celer
930 Ce qu'on ne vous saurait longtemps dissimuler :
Vos frères sont aux mains[4], les dieux ainsi l'ordonnent.

SABINE
Je veux bien l'avouer, ces nouvelles m'étonnent ;
Et je m'imaginais dans la divinité
Beaucoup moins d'injustice et bien plus de bonté.
935 Ne nous consolez point : contre tant d'infortune
La pitié parle en vain, la raison importune.
Nous avons en nos mains[5] la fin de nos douleurs,
Et qui veut bien mourir peut braver les malheurs.
Nous pourrions aisément faire en votre présence
940 De notre désespoir une fausse constance ;
Mais quand on peut sans honte être sans fermeté,

---

1. **Et que** : et quand (« que » remplace une conjonction de subordination précédemment employée).
2. **L'aveu** : l'autorisation, l'accord.
3. **Goûté son amorce** : subi sa séduction.
4. **Sont aux mains** : sont aux prises.
5. **En nos mains** : en notre possession (nos mains peuvent nous tuer et mettre fin à nos douleurs).

REPÈRES

• Les scènes 3 et 4 possèdent-elles un intérêt dramatique ? Quelle est leur fonction dans l'acte ?
• Quel est le rôle de Julie dans la scène 3 ?

OBSERVATION

Scène 3 : une scène de commentaires

• Quelle est l'attitude de Camille dans la scène 3 ? Quelles expressions traduisent son inquiétude ?
• Que pense Camille du peuple au vers 842 ? Comment conçoit-elle le pouvoir royal ?
• En quoi consiste l'ironie tragique des vers 851-854 ?
• Sabine parle-t-elle beaucoup dans la scène 3 ? Quel sujet aborde-t-elle constamment ?

Scène 4 : subtilités rhétoriques et comparaisons

• Les deux héroïnes comparent leurs malheurs respectifs ; relevez les mots exprimant la comparaison.
• En quoi consiste le raisonnement de Camille dans les vers 877-894 ? Quelles en sont les articulations et quelles en sont les faiblesses ? Quelles relations entretient-elle avec la nature ?
• Montrez que l'attitude de Sabine vis-à-vis de la nature, dans les vers 895-916, est opposée à celle de Camille. Relevez les vers qui s'opposent directement à ceux de Camille.
• Quelle conception de l'amour s'exprime dans les vers 917-927 ?

INTERPRÉTATIONS

• Quelles conceptions de la divinité s'opposent dans la scène 3 ?
• D'après vos connaissances historiques, quelle est la conception du pouvoir royal évoquée aux vers 840-846 ?
• La scène 4, qui repose sur une distinction subtile entre le statut d'« *époux* » et celui d'«*amant*» (ou fiancé), et qui est fortement marquée par les subtilités rhétoriques, est-elle encore vivante pour un spectateur du XXe siècle ?

L'affecter[1] au dehors, c'est une lâcheté ;
L'usage d'un tel art[2], nous le laissons aux hommes,
Et ne voulons passer que pour ce que nous sommes.
945 Nous ne demandons point qu'un courage[3] si fort
S'abaisse à notre exemple à se plaindre du sort.
Recevez sans frémir ces mortelles alarmes ;
Voyez couler nos pleurs sans y mêler vos larmes ;
Enfin, pour toute grâce, en de tels déplaisirs,
950 Gardez votre constance, et souffrez nos soupirs.

LE VIEIL HORACE

Loin de blâmer les pleurs que je vous vois répandre,
Je crois faire beaucoup de m'en pouvoir défendre,
Et céderais peut-être à de si rudes coups,
Si je prenais ici même intérêt que vous :
955 Non qu'Albe par son choix m'ait fait haïr vos frères,
Tous trois me sont encor des personnes bien chères ;
Mais enfin l'amitié n'est pas du même rang
Et n'a point les effets de l'amour ni du sang ;
Je ne sens point pour eux la douleur qui tourmente
960 Sabine comme sœur, Camille comme amante :
Je puis les regarder comme nos ennemis,
Et donne sans regret mes souhaits à mes fils.
Ils sont, grâces aux dieux, dignes de leur patrie ;
Aucun étonnement[4] n'a leur gloire flétrie[5] ;
965 Et j'ai vu leur honneur croître de la moitié,
Quand ils ont des deux camps refusé la pitié.
Si par quelque faiblesse ils l'avaient mendiée,

---

1. **L'affecter** : simuler la fermeté.
2. **Art** : artifice, presque hypocrisie dans ce contexte.
3. **Un courage** : un cœur (celui du vieil Horace).
4. **Aucun étonnement** : ici, l'absence de réaction produite par une situation aussi épouvantable.
5. **N'a leur gloire flétrie** : n'a flétri leur gloire. Le complément d'un verbe composé pouvait se placer entre l'auxiliaire et le participe passé ; dans ce cas, celui-ci s'accordait généralement avec le complément.

Si leur haute vertu ne l'eût répudiée[1],
Ma main bientôt sur eux m'eût vengé hautement[2]
970 De l'affront que m'eût fait ce mol[3] consentement.
Mais lorsqu'en dépit d'eux on en a voulu d'autres,
Je ne le cèle point, j'ai joint mes vœux aux vôtres.
Si le ciel pitoyable[4] eût écouté ma voix,
Albe serait réduite à faire un autre choix ;
975 Nous pourrions voir tantôt[5] triompher les Horaces
Sans voir leurs bras souillés du sang des Curiaces,
Et de l'événement[6] d'un combat plus humain
Dépendrait maintenant l'honneur du nom romain.
La prudence des dieux autrement en dispose ;
980 Sur leur ordre éternel mon esprit se repose[7] :
Il s'arme en ce besoin[8] de générosité,
Et du bonheur public fait sa félicité.
Tâchez d'en faire autant pour soulager vos peines,
Et songez toutes deux que vous êtes Romaines :
985 Vous l'êtes devenue, et vous[9] l'êtes encor ;
Un si glorieux titre est un digne trésor.
Un jour, un jour viendra que par toute la terre
Rome se fera craindre à l'égal du tonnerre,
Et que, tout l'univers tremblant dessous[10] ses lois,
990 Ce grand nom deviendra l'ambition des rois :
Les dieux à notre Énée[11] ont promis cette gloire.

---

1. **Répudiée** : refusée, rejetée.
2. **Hautement** : avec force, avec rigueur.
3. **Mol** : lâche.
4. **Pitoyable** : sensible à la pitié.
5. **Tantôt** : bientôt.
6. **Événement** : issue, résultat.
7. **Sur ... se repose** : mon esprit s'en remet à leurs desseins éternels.
8. **Besoin** : péril.
9. **Vous ... vous** : le vieil Horace se tourne successivement vers Sabine, puis vers Camille.
10. **Dessous** : sous.
11. **Énée** : allusion à *L'Énéide* de Virgile, et notamment au chant VI, vers 756-853. Énée, qui est descendu aux Enfers, retrouve quelques instants son père. **Celui-ci prophétise devant lui la grandeur future de Rome.**

SCÈNE 6. LE VIEIL HORACE, SABINE, CAMILLE, JULIE.

LE VIEIL HORACE
Nous venez-vous[1], Julie, apprendre la victoire ?

JULIE
Mais plutôt du combat les funestes effets :
Rome est sujette d'Albe, et vos fils sont défaits ;
995 Des trois les deux[2] sont morts, son époux[3] seul vous reste.

LE VIEIL HORACE
Ô d'un triste combat effet vraiment funeste !
Rome est sujette d'Albe, et pour l'en garantir
Il n'a pas employé jusqu'au dernier soupir !
Non, non, cela n'est point, on vous trompe, Julie ;
1000 Rome n'est point sujette, ou mon fils est sans vie :
Je connais mieux mon sang ; il sait mieux son devoir.

JULIE
Mille, de nos remparts, comme moi l'ont pu voir.
Il s'est fait admirer tant qu'ont duré[4] ses frères ;
Mais, comme[5] il s'est vu seul contre trois adversaires,
1005 Près d'être enfermé d'eux[6], sa fuite l'a sauvé.

LE VIEIL HORACE
Et nos soldats trahis ne l'ont point achevé ?
Dans leurs rangs à ce lâche ils ont donné retraite[7] ?

JULIE
Je n'ai rien voulu voir après cette défaite.

CAMILLE
Ô mes frères !

---

1. **Nous venez-vous…** : venez-vous nous…
2. **Des trois les deux** : sur les trois, deux.
3. **Son époux** : Julie désigne Sabine.
4. **Duré** : vécu.
5. **Comme** : quand, lorsque.
6. **Enfermé d'eux** : cerné par eux.
7. **Retraite** : asile, protection.

LE VIEIL HORACE
Tout beau[1], ne les pleurez pas tous ;
1010 Deux jouissent d'un sort dont leur père est jaloux.
Que des plus nobles fleurs leur tombe soit couverte ;
La gloire de leur mort m'a payé de leur perte :
Ce bonheur a suivi leur courage invaincu,
Qu'ils ont vu[2] Rome libre autant qu'ils ont vécu,
1015 Et ne l'auront point vue obéir qu'à[3] son prince,
Ni d'un État voisin devenir la province.
Pleurez l'autre, pleurez l'irréparable affront
Que sa fuite honteuse imprime à notre front[4] ;
Pleurez le déshonneur de toute notre race,
1020 Et l'opprobre[5] éternel qu'il laisse au nom d'Horace.

JULIE
Que vouliez-vous qu'il fît contre trois ?

LE VIEIL HORACE
Qu'il mourût,
Ou qu'un beau désespoir alors le secourût.
N'eût-il que d'un moment reculé sa défaite,
Rome eût été du moins un peu plus tard sujette ;
1025 Il eût avec honneur laissé mes cheveux gris,
Et c'était de sa vie un assez digne prix.
Il est de tout son sang comptable à sa patrie[6] ;
Chaque goutte épargnée[7] a sa gloire flétrie ;
Chaque instant de sa vie, après ce lâche tour[8],
1030 Met d'autant plus ma honte avec la sienne au jour.

---

1. **Tout beau** : halte-là, il suffit ! (style noble).
2. **Ce bonheur ... qu'ils ont vu** : ce bonheur consistant à voir (construction assez lâche).
3. **Qu'à** : à un autre qu'à.
4. **Imprime à notre front** : métaphore évoquant la marque qu'on imprimait au fer rouge au front de certains esclaves.
5. **L'opprobre** : la honte.
6. **Il est ... patrie** : il doit compte de son sang à sa patrie.
7. **Chaque goutte épargnée** : l'économie de chaque goutte (tournure latine).
8. **Tour** : conduite, attitude.

J'en romprai bien le cours[1], et ma juste colère,
Contre un indigne fils usant des droits d'un père,
Saura bien faire voir dans sa punition
L'éclatant désaveu d'une telle action.

SABINE

1035 Écoutez un peu moins ces ardeurs généreuses,
Et ne nous rendez point tout à fait malheureuses.

LE VIEIL HORACE

Sabine, votre cœur se console aisément ;
Nos malheurs jusqu'ici vous touchent faiblement.
Vous n'avez point encor de part à nos misères :
1040 Le ciel vous a sauvé votre époux et vos frères ;
Si nous sommes sujets, c'est de votre pays ;
Vos frères sont vainqueurs quand nous sommes trahis ;
Et, voyant le haut point où leur gloire se monte,
Vous regardez fort peu ce qui nous vient de honte.
1045 Mais votre trop d'amour[2] pour cet infâme[3] époux
Vous donnera bientôt à plaindre[4] comme à nous.
Vos pleurs en sa faveur sont de faibles défenses :
J'atteste des grands dieux les suprêmes puissances
Qu'avant ce jour fini[5], ces mains, ces propres mains
1050 Laveront dans son sang la honte des Romains.

SABINE

Suivons-le promptement, la colère l'emporte.
Dieux ! verrons-nous toujours des malheurs de la sorte ?
Nous faudra-t-il toujours en craindre de plus grands,
Et toujours redouter la main de nos parents ?

---

1. **J'en romprai bien le cours** : je mettrai un terme à sa vie.
2. **Votre trop d'amour** : votre excès d'amour.
3. **Infâme** : déshonoré (sens étymologique).
4. **À plaindre** : des raisons de vous plaindre.
5. **Avant ce jour fini** : avant la fin de ce jour (latinisme).

REPÈRES

• Quels procédés et quelles interventions contribuent à relancer l'action dans les deux dernières scènes de l'acte ?

• Quel est le personnage qui parle le plus dans ces deux scènes ? Pourquoi ?

OBSERVATION

• Comparez les vers 932-950 aux paroles prononcées par Sabine au lever du rideau (vers 1-14). En quel sens le personnage a-t-il évolué ? Pourquoi, selon vous ? Les vers 945-950 sont-ils respectueux, ou ironiques et sarcastiques ?

• Établissez le plan de la tirade du vieil Horace (vers 951-991). Montrez comment il passe du vocabulaire de la famille au vocabulaire de la gloire. Quel est le ton de sa conclusion ?

• Par quels procédés Corneille fait-il contraster l'enthousiasme du vieil Horace avec l'annonce de la défaite (vers 995) ?

• Julie ferait-elle un bon « reporter » ? Commentez sa présentation du résultat, puis du déroulement du combat (vers 993-995, 1002-1005 et 1008).

• Quel est le rôle des interventions féminines des vers 1009, 1021, 1035-1036 ? Pourquoi Sabine n'intervient-elle qu'au vers 1035 ?

• Quelles sont les réactions successives du vieil Horace ? Pourquoi parle-t-il davantage que Julie ?

INTERPRÉTATIONS

Relance et commentaire de l'action

• « *Comme l'arrivée du vieil Horace rend la vie au théâtre qui languissait ! Quel moment et quelle noble simplicité !* » Partagez-vous cet enthousiasme de Voltaire pour l'entrée en scène du père d'Horace à la scène 5 ? Pourquoi ?

• Quels vers de la scène 6 ménagent la possibilité d'un rebondissement ultérieur ?

• Comparez la morale féminine défendue par Sabine et le patriotisme du vieil Horace. En quoi ces deux idéaux sont-ils incompatibles ? Que révèlent-ils du rôle des hommes et des femmes dans la pièce ?

Relance de l'action

• Étudiez l'alternance des moments de soulagement et d'inquiétude dans l'acte III. Décrivez l'accélération du mouvement de l'acte qui, d'abord statique, se termine sur la sortie précipitée de Sabine, Camille et Julie, lancées à la poursuite du vieil Horace.

• Sur le plan dramatique, on adresse deux reproches à cet acte :
a) certaines scènes (1, 3, 4) seraient inutiles à l'action ;
b) la présence du vieil Horace sur scène, c'est-à-dire chez lui, serait invraisemblable au moment du combat.
Quel est votre avis à l'égard de ces deux reproches ?

• Corneille commentait ainsi son troisième acte : « *Le troisième [est] un des plus artificieux. Il est soutenu de la seule narration de la moitié du combat des trois frères.* » Étudiez comment l'action n'est jamais montrée sur scène, mais toujours discutée ou racontée.

Des personnages dans un huis-clos

• Quels éléments contribuent à donner une impression de huis-clos ?

• Étudiez en Sabine un personnage voué à la parole inutile.

• Quelle est l'attitude de Camille ? Montrez comment elle parle de moins en moins au fur et à mesure de l'acte.

• De la famille, de la patrie, de l'honneur, quelle vous paraît être la valeur suprême du vieil Horace ?

Les thèmes

• Quelle image des dieux nous est donnée à travers les remarques des différents personnages ?

• Montrez que l'acte III repose sur une série d'oppositions : monde extérieur / monde intime ; monde masculin / monde féminin ; valeurs de la gloire et de l'honneur / valeurs du sentiment ; refus de la nature / exaltation des valeurs de la nature ; héroïsme / soumission.

*Le vieil Horace (Michel Etcheverry) et Camille (Ludmila Mikaël)
dans une mise en scène de Jean-Pierre Miquel à la Comédie-Française, 1971.*

ACTE IV

SCÈNE PREMIÈRE. LE VIEIL HORACE, CAMILLE.

LE VIEIL HORACE

1055 Ne me parlez jamais en faveur d'un infâme ;
Qu'il me fuie à l'égal des frères[1] de sa femme :
Pour conserver un sang qu'il tient[2] si précieux,
Il n'a rien fait encor s'il n'évite mes yeux,
Sabine y peut mettre ordre, ou derechef j'atteste[3]
1060 Le souverain pouvoir de la troupe céleste[4]...

CAMILLE

Ah ! mon père, prenez un plus doux sentiment ;
Vous verrez Rome même en user autrement
Et de quelque malheur que le ciel l'ait comblée,
Excuser[5] la vertu sous le nombre accablée.

LE VIEIL HORACE

1065 Le jugement de Rome est peu pour mon regard[6],
Camille ; je suis père, et j'ai mes droits à part.
Je sais trop comme agit la vertu véritable :
C'est sans en triompher que le nombre l'accable ;
Et sa mâle vigueur, toujours en même point[7],
1070 Succombe sous la force, et ne lui cède point.
Taisez-vous, et sachons ce que nous veut Valère.

---

1. **À l'égal des frères** : comme il a fui les frères.
2. **Tient** : estime.
3. **Derechef j'atteste** : je prends à nouveau à témoin.
4. **La troupe céleste** : les dieux (périphrase).
5. **Excuser** : dépend de « vous verrez Rome ».
6. **Est peu pour mon regard** : compte peu à mes yeux.
7. **En même point** : au même niveau.

Scène 2. Le Vieil Horace, Valère, Camille.

VALÈRE
Envoyé par le roi pour consoler un père,
Et pour lui témoigner...

LE VIEIL HORACE
                    N'en prenez aucun soin :
C'est un soulagement dont je n'ai pas besoin ;
1075 Et j'aime mieux voir morts que couverts d'infamie
Ceux que vient de m'ôter une main ennemie.
Tous deux pour leur pays sont morts en gens d'honneur ;
Il me suffit.

VALÈRE
            Mais l'autre est un rare bonheur ;
De tous les trois chez vous il doit tenir la place.

LE VIEIL HORACE
1080 Que n'a-t-on vu périr en lui le nom d'Horace !

VALÈRE
Seul vous le maltraitez[1] après ce qu'il a fait.

LE VIEIL HORACE
C'est à moi seul aussi de punir son forfait.

VALÈRE
Quel forfait trouvez-vous en sa bonne[2] conduite ?

LE VIEIL HORACE
Quel éclat de vertu trouvez-vous en sa fuite ?

VALÈRE
1085 La fuite est glorieuse en cette occasion.

LE VIEIL HORACE
Vous redoublez ma honte et ma confusion.
Certes, l'exemple est rare et digne de mémoire,
De trouver dans la fuite un chemin à la gloire.

---

1. **Maltraitez :** traitez mal, injustement.
2. **Bonne :** vaillante, courageuse.

VALÈRE

Quelle confusion, et quelle honte à vous
1090 D'avoir produit un fils qui nous conserve tous,
Qui fait triompher Rome, et lui gagne un empire[1] ?
À quels plus grands honneurs faut-il qu'un père aspire ?

LE VIEIL HORACE

Quels honneurs, quel triomphe, et quel empire enfin,
Lorsqu'Albe sous ses lois range notre destin ?

VALÈRE

1095 Que[2] parlez-vous ici d'Albe et de sa victoire ?
Ignorez-vous encor la moitié de l'histoire ?

LE VIEIL HORACE

Je sais que par sa fuite il a trahi l'État.

VALÈRE

Oui, s'il eût en fuyant terminé le combat ;
Mais on a bientôt vu qu'il ne fuyait qu'en homme
1100 Qui savait ménager[3] l'avantage de Rome.

LE VIEIL HORACE

Quoi, Rome donc triomphe ?

VALÈRE

Apprenez, apprenez
La valeur de ce fils qu'à tort vous condamnez.
Resté seul contre trois, mais en cette aventure
Tous trois étant blessés, et lui seul sans blessure,
1105 Trop faible pour eux tous, trop fort pour chacun d'eux,
Il sait bien se tirer d'un pas[4] si dangereux.
Il fuit pour mieux combattre, et cette prompte ruse
Divise adroitement trois frères qu'elle abuse.
Chacun le suit d'un pas ou plus ou moins pressé,
1110 Selon qu'il se rencontre[5] ou plus ou moins blessé ;

---

1. **Empire** : suprématie (sur Albe).
2. **Que** : pourquoi.
3. **Ménager** : préparer habilement, construire avec adresse.
4. **Un pas** : une situation.
5. **Se rencontre** : se trouve être.

Libre mise en scène de M. Tassencourt et T. Maulnier
au festival de Versailles (1986) du combat d'Horace (Hervé Bellon)
et Curiace (Bernard Lanneau).
Dans le texte de Corneille, conforme aux règles
du théâtre classique, ce combat n'est pas représenté sur scène.

Leur ardeur est égale à poursuivre sa fuite ;
Mais leurs coups[1] inégaux séparent leur poursuite[2].
Horace, les voyant l'un de l'autre écartés,
Se retourne, et déjà les croit demi domptés :

---

1. **Leurs coups :** les coups qu'ils ont reçus, leurs blessures.
2. **Séparent leur poursuite :** séparent les poursuivants, mettent une distance entre eux.

1115 Il attend le premier, et c'était votre gendre.
     L'autre, tout indigné qu'il ait osé l'attendre,
     En vain en l'attaquant fait paraître un grand cœur ;
     Le sang qu'il a perdu ralentit sa vigueur.
     Albe à son tour commence à craindre un sort contraire :
1120 Elle crie au second qu'il secoure son frère :
     Il se hâte et s'épuise en efforts superflus ;
     Il trouve en les joignant[1] que son frère n'est plus.

CAMILLE

Hélas !

VALÈRE

     Tout hors d'haleine il prend pourtant sa place,
     Et redouble[2] bientôt la victoire d'Horace :
1125 Son courage sans force est un débile[3] appui ;
     Voulant venger son frère, il tombe auprès de lui.
     L'air résonne des cris qu'au ciel chacun envoie ;
     Albe en jette d'angoisse, et les Romains de joie.
     Comme notre héros se voit près d'achever[4],
1130 C'est peu pour lui de vaincre, il veut encor braver :
     « J'en viens d'immoler[5] deux aux mânes[6] de mes frères ;
     Rome aura le dernier de mes trois adversaires.
     C'est à ses intérêts que je vais l'immoler »,
     Dit-il ; et tout d'un temps[7] on le voit y voler.
1135 La victoire entre eux deux n'était pas incertaine ;
     L'Albain percé de coups ne se traînait qu'à peine[8],
     Et, comme une victime aux marches de l'autel,
     Il semblait présenter sa gorge au coup mortel :
     Aussi le reçoit-il, peu s'en faut, sans défense,

---

1. **Joignant** : rejoignant.
2. **Redouble** : rend double.
3. **Débile** : physiquement faible.
4. **D'achever** : d'en finir.
5. **J'en viens d'immoler** : je viens d'en sacrifier.
6. **Mânes** : âmes divinisées des morts.
7. **Tout d'un temps** : sur-le-champ.
8. **À peine** : avec peine.

1140 Et son trépas de Rome établit la puissance[1].

LE VIEIL HORACE

Ô mon fils ! ô l'honneur de nos jours !
Ô d'un État penchant[2] l'inespéré secours !
Vertu digne de Rome, et sang digne d'Horace !
Appui de ton pays, et gloire de ta race !
1145 Quand pourrai-je étouffer dans tes embrassements[3]
L'erreur dont j'ai formé[4] de si faux sentiments ?
Quand pourra mon amour baigner avec tendresse
Ton front victorieux de larmes d'allégresse ?

VALÈRE

Vos caresses bientôt pourront se déployer :
1150 Le roi dans un moment vous le va renvoyer,
Et remet à demain la pompe[5] qu'il prépare
D'un sacrifice aux dieux[6] pour un bonheur si rare ;
Aujourd'hui seulement on s'acquitte vers eux[7]
Par des chants de victoire et par de simples vœux.
1155 C'est où le roi le mène, et tandis[8] il m'envoie
Faire office vers vous[9] de douleur et de joie ;
Mais cet office encor n'est pas assez pour lui ;
Il y[10] viendra lui-même, et peut-être aujourd'hui :
Il croit mal reconnaître[11] une vertu si pure,
1160 Si de sa propre bouche il ne vous en assure,
S'il ne vous dit chez vous combien vous doit l'État.

---

1. **De Rome ... puissance** : établit la puissance de Rome.
2. **Penchant** : chancelant.
3. **Dans tes embrassements** : en te serrant dans mes bras.
4. **L'erreur dont j'ai formé** : l'erreur par la faute de laquelle j'ai conçu.
5. **Pompe** : cérémonie solennelle.
6. **D'un sacrifice aux dieux** : complément du nom « pompe ».
7. **Vers eux** : envers eux.
8. **Tandis** : pendant ce temps.
9. **Faire office vers vous** : m'acquitter envers vous d'un office.
10. **Y** : chez vous.
11. **Il croit mal reconnaître** : il pense se montrer insuffisamment reconnaissant.

LE VIEIL HORACE

De tels remerciements ont pour moi trop d'éclat,
Et je me tiens déjà trop payé par les vôtres
Du service d'un fils, et du sang des deux autres.

VALÈRE

1165 Il ne sait ce que c'est d'honorer à demi ;
Et son sceptre arraché des mains de l'ennemi
Fait qu'il tient cet honneur qu'il lui plaît de vous faire
Au-dessous du mérite et du fils et du père.
Je vais lui témoigner quels nobles sentiments
1170 La vertu vous inspire en tous vos mouvements[1],
Et combien vous montrez d'ardeur pour son service.

LE VIEIL HORACE

Je vous devrai beaucoup pour un si bon office.

SCÈNE 3. LE VIEIL HORACE, CAMILLE.

LE VIEIL HORACE

Ma fille, il n'est plus temps de répandre des pleurs ;
Il sied mal d'en verser où l'on voit tant d'honneurs :
1175 On pleure injustement des pertes domestiques[2],
Quand on en voit sortir des victoires publiques.
Rome triomphe d'Albe, et c'est assez pour nous ;
Tous nos maux à ce prix doivent nous être doux.
En la mort d'un amant vous ne perdez qu'un homme
1180 Dont la perte est aisée à réparer dans Rome ;
Après cette victoire, il n'est point de Romain
Qui ne soit glorieux[3] de vous donner la main[4].
Il me faut à Sabine en porter la nouvelle ;

---

1. **En tous vos mouvements** : en toutes vos réactions.
2. **Des pertes domestiques** : des pertes familiales (qui sont de la maison).
3. **Qui ne soit glorieux** : qui ne tire gloire.
4. **De vous donner la main** : de vous épouser.

REPÈRES

• Imaginez ce qui s'est passé pendant l'entracte. Pourquoi est-ce Camille, et non plus Sabine, qui cherche à calmer le vieil Horace ? Quelle est la fonction de la scène 1 ?
• Pour quelles raisons le quiproquo entre Valère et le vieil Horace peut-il durer aussi longtemps (vers 1072-1100) ? Partageons-nous la surprise du vieil Horace ?
• Quelle est la situation à la fin de la scène 2 ?

OBSERVATION

• **Le quiproquo (vers 1072-1100)** : étudiez le travail stylistique de Corneille (reprises de mots, oppositions, chiasme) en montrant que Corneille s'est plu à prolonger ce moment.
• **Le récit (vers 1101-1140)** : par quels procédés Corneille s'est-il efforcé de rendre vivant le récit de Valère ? Commentez le verbe « *immoler* » du vers 1133.
• Justifiez la place du « *Hélas* » de Camille (vers 1123) et commentez-en la force. La tragédienne Rachel avait-elle raison, selon vous, de simuler l'évanouissement en prononçant ce mot ?
• **La réaction du vieil Horace (vers 1141-1172)** : à quels sentiments attribuer le brusque débordement d'allégresse des vers 1141-1148 ? Quels procédés le mettent en valeur ?

INTERPRÉTATIONS

Corneille historien et dramaturge

• En comparant le récit de Valère (vers 1101-1140) au récit de Tite-Live (voir p. 28-29), mettez en évidence la fidélité de Corneille à son modèle, mais aussi les améliorations dramatiques qu'il lui a apportées. Pourquoi avoir coupé en deux le récit du combat, scindé entre l'acte III et l'acte IV ?
• Quel est l'intérêt d'avoir choisi Valère comme messager ?
• Quelle image de la monarchie les vers de la scène 2 décrivant l'exercice du pouvoir royal imposent-ils ?

Ce coup sera sans doute assez rude[1] pour elle,
1185 Et ses trois frères morts[2] par la main d'un époux
Lui donneront des pleurs bien plus justes qu'à vous ;
Mais j'espère aisément en dissiper l'orage,
Et qu'[3]un peu de prudence aidant son grand courage
Fera bientôt régner sur un si noble cœur
1190 Le généreux amour qu'elle doit au vainqueur.
Cependant[4] étouffez cette lâche tristesse ;
Recevez-le, s'il vient, avec moins de faiblesse ;
Faites-vous voir sa sœur, et qu'[5]en un même flanc
Le ciel vous a tous deux formés d'un même sang.

Scène 4. Camille.

1195 Oui, je lui ferai voir, par d'infaillibles marques[6],
Qu'un véritable amour brave la main des Parques[7],
Et ne prend point de lois de ces cruels tyrans
Qu'un astre injurieux[8] nous donne pour parents.
Tu blâmes ma douleur, tu l'oses nommer lâche ;
1200 Je l'aime d'autant plus que plus elle te fâche[9],
Impitoyable père, et par un juste effort
Je la veux rendre égale aux rigueurs de mon sort.
En vit-on jamais un dont les rudes traverses
Prissent en moins de rien tant de faces diverses,
1205 Qui fût doux tant de fois, et tant de fois cruel,

---

1. **Assez rude** : bien rude.
2. **Ses trois frères morts** : la mort de ses trois frères (latinisme).
3. **Et que** : dépend de « j'espère », au vers précédent.
4. **Cependant** : pendant ce temps.
5. **Et que** : dépend de « faites ... voir ».
6. **Infaillibles marques** : preuves incontestables.
7. **Parques** : déesses infernales qui filaient, dévidaient et coupaient le fil de la vie des hommes ; les trois Parques sont une allégorie de la mort.
8. **Astre injurieux** : sort injuste (image précieuse).
9. **Fâche** : indigne, scandalise (sens fort).

Et portât tant de coups avant le coup mortel ?
Vit-on jamais une âme en un jour plus atteinte
De joie et de douleur, d'espérance et de crainte,
Asservie en esclave à plus d'événements,
1210 Et le piteux[1] jouet de plus de changements ?
Un oracle m'assure[2], un songe me travaille[3] ;
La paix calme l'effroi que me fait la bataille ;
Mon hymen se prépare, et presque en un moment
Pour combattre mon frère on choisit mon amant ;
1215 Ce choix me désespère, et tous le désavouent ;
La partie est rompue[4], et les dieux la renouent ;
Rome semble vaincue, et seul des trois Albains
Curiace en mon sang n'a point trempé ses mains.
Ô dieux ! sentais-je alors des douleurs trop légères
1220 Pour le malheur de Rome et la mort de deux frères,
Et me flattais-je trop quand je croyais pouvoir
L'aimer encor sans crime et nourrir quelque espoir ?
Sa mort m'en punit bien, et la façon cruelle
Dont mon âme éperdue en reçoit la nouvelle :
1225 Son rival[5] me l'apprend, et, faisant à mes yeux
D'un si triste succès le récit odieux,
Il porte sur le front une allégresse ouverte,
Que le bonheur public fait[6] bien moins que ma perte[7] ;
Et bâtissant en l'air sur le malheur d'autrui[8],
1230 Aussi bien que mon frère il triomphe de lui[9].
Mais ce n'est rien encore au prix de[10] ce qui reste :

---

1. **Piteux** : pitoyable, digne de pitié.
2. **M'assure** : me rassure.
3. **Travaille** : tourmente.
4. **La partie est rompue** : le projet est abandonné.
5. **Son rival** : Valère.
6. **Fait** : cause.
7. **Ma perte** : la perte que je subis (la mort de mon fiancé).
8. **Bâtissant ... autrui** : tirant des motifs d'espoir illusoires du malheur d'autrui.
9. **De lui** : de Curiace.
10. **Au prix de** : en comparaison de.

On demande ma joie en un jour si funeste ;
Il me faut applaudir aux exploits du vainqueur,
Et baiser une main qui me perce le cœur.
1235 En un sujet de pleurs si grand, si légitime,
Se plaindre est une honte, et soupirer un crime ;
Leur brutale vertu veut qu'on s'estime heureux,
Et si l'on n'est barbare, on n'est point généreux.
Dégénérons, mon cœur, d'un si vertueux père[1] ;
1240 Soyons indigne sœur d'un si généreux frère :
C'est gloire de passer pour un cœur abattu,
Quand la brutalité fait la haute vertu.
Éclatez, mes douleurs : à quoi bon vous contraindre ?
Quand on a tout perdu, que saurait-on plus[2] craindre ?
1245 Pour ce cruel vainqueur n'ayez point de respect ;
Loin d'éviter ses yeux, croissez à son aspect[3] ;
Offensez sa victoire, irritez sa colère,
Et prenez, s'il se peut, plaisir à lui déplaire.
Il vient : préparons-nous à montrer constamment[4]
1250 Ce que doit une amante à la mort d'un amant.

Scène 5. Horace, Camille, Procule.

(Procule porte en sa main les trois épées des Curiaces.)

HORACE

Ma sœur, voici le bras qui venge nos deux frères,
Le bras qui rompt le cours de nos destins contraires,
Qui nous rend maîtres d'Albe ; enfin voici le bras
Qui seul fait aujourd'hui le sort de deux États ;

---

1. **Dégénérons ... père** : abandonnons ... les vertus de mon père.
2. **Plus** : encore, désormais.
3. **À son aspect** : à sa vue, en sa présence.
4. **Constamment** : avec une grande fermeté.

REPÈRES

• « Voici une autre pièce qui commence », écrit Voltaire à propos de la scène 3. Partagez-vous son avis ?
• Quels sont les deux personnages à avoir droit, dans la pièce, à un monologue ? Pourquoi, selon vous ?

OBSERVATION

• Quel est le plan de la scène 3 ? Quels sont les arguments du vieil Horace pour consoler Camille ? Pourquoi sont-ils condamnés à échouer ? En quoi le vers 1194 est-il prémonitoire ?

Le monologue de Camille
• Le monologue de Camille est une longue montée vers l'exaspération. Quel est le fil conducteur de cette progression ?
• Étudiez les jeux de répétitions et d'oppositions dans les vers 1203-1216. À quoi sert cette rhétorique ?
• Analysez l'opposition de la « joie » et de la « douleur » dans les vers 1219-1237. Pourquoi ces deux termes reviennent-ils aussi souvent dans la bouche de Camille durant toute la tirade ?
• Étudiez le vocabulaire de l'indignité dans les vers 1239-1245. Quelle est l'importance du vers 1239 ?
• Par quel thème et quels mots Camille finit-elle sa tirade ?

INTERPRÉTATIONS

• Montrez en quoi la morale de Camille s'oppose à celle d'Horace. Quels sont cependant leurs points communs ?
• Quels sentiments Camille exprime-t-elle à l'égard de son père (début de la tirade) et à l'égard son frère (fin de la tirade) ?
• Certains critiques ont voulu faire de Camille une héroïne racinienne bouleversée par la passion. Quels éléments vous prouvent qu'il n'en est rien, et que Camille reste parfaitement maîtresse d'elle-même ?

1255 Vois ces marques d'honneur[1], ces témoins de ma gloire,
   Et rends ce que tu dois à l'heur de ma victoire.

CAMILLE

   Recevez donc mes pleurs, c'est ce que je lui dois.

HORACE

   Rome n'en veut point voir après de tels exploits,
   Et nos deux frères morts dans le malheur des armes
1260 Sont trop payés de sang[2] pour exiger des larmes :
   Quand la perte est vengée, on n'a plus rien perdu.

CAMILLE

   Puisqu'ils sont satisfaits par le sang épandu[3],
   Je cesserai pour eux de paraître affligée,
   Et j'oublierai leur mort que vous avez vengée ;
1265 Mais qui me vengera de celle d'un amant,
   Pour me faire oublier sa perte en un moment ?

HORACE

   Que dis-tu, malheureuse ?

CAMILLE

                Ô mon cher Curiace !

HORACE

   Ô d'une indigne sœur insupportable audace !
   D'un ennemi public dont je reviens vainqueur
1270 Le nom est dans ta bouche et l'amour dans ton cœur !
   Ton ardeur criminelle à la vengeance aspire !
   Ta bouche la demande, et ton cœur la respire[4] !
   Suis moins ta passion, règle mieux tes désirs,
   Ne me fais plus rougir d'entendre tes soupirs ;
1275 Tes flammes désormais doivent être étouffées ;
   Bannis-les de ton âme, et songe à mes trophées :
   Qu'ils soient dorénavant ton unique entretien[5].

---

1. **Ces marques d'honneur** : il montre les épées des Curiaces (ses trophées)
que porte Procule.
2. **Payés de sang** : vengés par le sang.
3. **Épandu** : répandu.
4. **La respire** : la désire passionnément.
5. **Entretien** : sujet de pensée et de conversation.

Horace (Grégoire Ingold) et Camille (Muriel Piquart).
Mise en scène de Brigitte Jaques.
Théâtre national de Chaillot, 1989.

CAMILLE

Donne-moi donc, barbare, un cœur comme le tien ;
Et si tu veux enfin que je t'ouvre mon âme,
1280 Rends-moi mon Curiace, ou laisse agir ma flamme :
Ma joie et mes douleurs dépendaient de son sort ;
Je l'adorais vivant, et je le pleure mort.
Ne cherche plus ta sœur où tu l'avais laissée ;

Tu ne revois en moi qu'une amante offensée,
1285 Qui, comme une furie[1], attachée à tes pas,
Te veut incessamment[2] reprocher son trépas.
Tigre altéré de sang, qui me défends les larmes,
Qui veux que dans sa mort je trouve encor des charmes,
Et que, jusques au ciel élevant tes exploits[3],
1290 Moi-même je le tue une seconde fois !
Puissent tant de malheurs accompagner ta vie
Que tu tombes au point de me porter envie ;
Et toi, bientôt souiller[4] par quelque lâcheté
Cette gloire si chère à ta brutalité !

HORACE

1295 Ô ciel ! qui vit jamais une pareille rage !
Crois-tu donc que je sois insensible à l'outrage,
Que je souffre en mon sang ce mortel déshonneur ?
Aime, aime cette mort qui fait notre bonheur,
Et préfère du moins au souvenir d'un homme
1300 Ce que doit ta naissance aux intérêts de Rome.

CAMILLE

Rome, l'unique objet de mon ressentiment !
Rome, à qui vient ton bras d'immoler mon amant !
Rome qui t'a vu naître, et que ton cœur adore !
Rome enfin que je hais parce qu'elle t'honore !
1305 Puissent tous ses voisins ensemble conjurés[5]
Saper ses fondements encor mal assurés !
Et si ce n'est assez de toute l'Italie,
Que l'Orient contre elle à l'Occident s'allie ;
Que cent peuples unis des bouts de l'univers
1310 Passent pour la détruire et les monts et les mers !

---

1. **Furie** : les trois Furies étaient des déesses mythologiques qui poursuivaient les criminels pour les châtier ; on voit parfois en elles une allégorie du remords.
2. **Incessamment** : sans cesse.
3. **Jusques ... exploits** : portant aux nues tes exploits, les célébrant.
4. **Souiller** : (puisses-tu) souiller.
5. **Conjurés : coalisés.**

Représentation sur scène du meurtre de Camille (M. Klein)
par Horace (H. Bellon),
en présence du vieil Horace (M. Etcheverry).
Libre mise en scène de M. Tassancourt et T. Maulnier,
au festival de Versailles (palais du Grand Trianon), 1986.

Qu'elle-même sur soi[1] renverse ses murailles,
Et de ses propres mains déchire ses entrailles !
Que le courroux du ciel allumé par mes vœux
Fasse pleuvoir sur elle un déluge de feux !
1315 Puissé-je de mes yeux y voir tomber ce foudre,
Voir ses maisons en cendre, et tes lauriers en poudre[2],
Voir le dernier Romain à son dernier soupir,
Moi seule en être cause, et mourir de plaisir !

---

1. **Sur soi** : sur elle ; soi peut encore renvoyer, au XVIIe siècle, à un sujet déterminé.
2. **En poudre** : en poussière.

HORACE, *mettant la main à l'épée,*
et poursuivant sa sœur qui s'enfuit.

C'est trop, ma patience à la raison fait place ;
1320 Va dedans les enfers plaindre ton Curiace.

CAMILLE, *blessée derrière le théâtre[1].*
Ah ! traître !

HORACE, *revenant sur le théâtre.*
Ainsi reçoive un châtiment soudain
Quiconque ose pleurer un ennemi romain !

SCÈNE 6. HORACE, PROCULE.

PROCULE
Que venez-vous de faire ?

HORACE
Un acte de justice :
Un semblable forfait vaut un pareil supplice[2].

PROCULE
1325 Vous deviez[3] la traiter avec moins de rigueur.

HORACE
Ne me dis point qu'elle est et mon sang[4] et ma sœur.
Mon père ne peut plus l'avouer[5] pour sa fille :
Qui maudit son pays renonce à sa famille ;
Des noms si pleins d'amour ne lui sont plus permis ;
1330 De ses plus chers parents il fait ses ennemis :
Le sang même les arme en haine de son crime.

---

1. Le meurtre de Camille se passe en coulisse, et non sur scène,
conformément à la règle des bienséances (voir p. 202).
2. **Supplice** : exécution.
3. **Vous deviez** : vous auriez dû.
4. **Mon sang** : membre de la même famille que moi (« ma sœur » constitue
une gradation et une précision par rapport à « mon sang »).
5. **L'avouer** : la reconnaître.

REPÈRES

• La scène 5 est-elle la suite logique de la scène 4 ? Le spectateur est-il dérouté par la suite des événements ?

OBSERVATION

• Expliquez l'importance des épées apportées en début de scène, ainsi que la répétition du mot « *bras* » aux vers 1251-1254.
• À quoi voit-on que l'échange des vers 1251-1267 est un véritable dialogue de sourds ?
• Pourquoi la réplique d'Horace aux vers 1268-1277 constitue-t-elle un ultimatum ? Étudiez l'opposition des pronoms et des adjectifs possessifs.
• Relevez et commentez, dans les vers 1278-1300, les expressions révélant que la rupture est désormais consommée entre le frère et la sœur. Étudiez la provocation de Camille aux vers 1291-1294.

La tirade la plus célèbre de la pièce
• Pourquoi Camille éclate-t-elle brutalement en imprécations au seul nom de Rome ? Quel effet produit l'anaphore ?
• Quel est l'intérêt du verbe « *saper* » employé au vers 1306 ? Relevez les termes exprimant destruction et autodestruction.
• Montrez comment Camille étend successivement sa volonté de vengeance au monde, puis à l'univers entier.
• Commentez le « *mourir de plaisir* » final.

INTERPRÉTATIONS

• En vous fondant sur des arguments précis, dites si Camille provoque son frère froidement, ou si elle se laisse aller à une sorte de délire prophétique.
• Selon vous, Camille sait-elle qu'elle va mourir en prononçant sa tirade vengeresse ?
• Dans la version initiale de la pièce, Horace tuait Camille sur la scène. Pourquoi Corneille a-t-il placé le meurtre derrière le rideau dans la version définitive ? Quelle solution vous paraît préférable ?

La plus prompte vengeance en est plus légitime[1] :
Et ce souhait impie encore qu'impuissant,
Est un monstre qu'il faut étouffer en naissant[2].

Scène 7. Horace, Sabine, Procule.

SABINE
1335 À quoi s'arrête ici ton illustre[3] colère ?
Viens voir mourir ta sœur dans les bras de ton père ;
Viens repaître tes yeux d'un spectacle si doux :
Ou, si tu n'es point las de ces généreux coups,
Immole au cher pays des vertueux Horaces
1340 Ce reste malheureux du sang des Curiaces.
Si prodigue du tien, n'épargne pas le leur ;
Joins Sabine à Camille, et ta femme à ta sœur ;
Nos crimes sont pareils, ainsi que nos misères ;
Je soupire comme elle et déplore[4] mes frères :
1345 Plus coupable en ce point contre tes dures lois,
Qu'elle n'en pleurait qu'un, et que j'en pleure trois,
Qu'après son châtiment ma faute continue.

HORACE
Sèche tes pleurs, Sabine, ou les cache à ma vue.
Rends-toi digne du nom de ma chaste moitié,
1350 Et ne m'accable point d'une indigne pitié.
Si l'absolu pouvoir d'une pudique flamme
Ne nous laisse à tous deux qu'un penser[5] et qu'une âme,
C'est à toi d'élever tes sentiments aux miens,
Non à moi de descendre à la honte des tiens.

---

1. **Plus légitime :** la plus légitime (comparatif au lieu du superlatif).
2. **En naissant :** lorsqu'il naît ; cet emploi du gérondif serait aujourd'hui incorrect, son sujet étant différent du sujet du verbe principal.
3. **Illustre :** éclatante, manifeste.
4. **Déplore :** pleure.
5. **Qu'un penser :** qu'une seule pensée.

1355 Je t'aime, et je connais la douleur qui te presse[1],
Embrasse ma vertu pour vaincre ta faiblesse,
Participe à ma gloire au lieu de la souiller.
Tâche à t'en revêtir, non à[2] m'en dépouiller.
Es-tu de mon honneur si mortelle ennemie,
1360 Que je te plaise mieux couvert d'une infamie ?
Sois plus femme que sœur, et, te réglant sur moi,
Fais-toi de mon exemple une immuable loi.

SABINE

Cherche pour t'imiter des âmes plus parfaites.
Je ne t'impute point les pertes que j'ai faites,
1365 J'en ai les sentiments que je dois en avoir[3],
Et je m'en prends au sort plutôt qu'à ton devoir ;
Mais enfin je renonce à la vertu romaine,
Si pour la posséder je dois être inhumaine ;
Et ne puis voir en moi la femme du vainqueur
1370 Sans y voir des vaincus la déplorable[4] sœur.
Prenons part en public aux victoires publiques,
Pleurons dans la maison nos malheurs domestiques,
Et ne regardons point des biens communs à tous,
Quand nous voyons des maux qui ne sont que pour nous.
1375 Pourquoi veux-tu, cruel, agir d'une autre sorte ?
Laisse en entrant ici tes lauriers à la porte ;
Mêle tes pleurs aux miens. Quoi ? ces lâches discours
N'arment point ta vertu contre mes tristes jours ?
Mon crime redoublé[5] n'émeut point ta colère ?
1380 Que Camille est heureuse ! elle a pu te déplaire ;
Elle a reçu de toi ce qu'elle a prétendu[6]
Et recouvre là-bas[7] tout ce qu'elle a perdu.

---

1. **Presse** : accable.
2. **Tâche à … , non à …** : tâche de … , non de …
3. **En avoir** : avoir à ce sujet.
4. **Déplorable** : digne de pitié.
5. **Mon crime redoublé** : le redoublement de ma faute.
6. **Ce qu'elle a prétendu** : ce qu'elle a réclamé.
7. **Là-bas** : aux Enfers, au royaume des morts (euphémisme).

Cher époux, cher auteur du tourment qui me presse,
Écoute la pitié, si ta colère cesse ;
1385 Exerce l'une ou l'autre, après de tels malheurs,
À punir[1] ma faiblesse ou finir mes douleurs :
Je demande la mort pour grâce, ou pour supplice ;
Qu'elle soit un effet d'amour ou de justice,
N'importe : tous ses traits n'auront rien que de doux,
1390 Si je les vois partir de la main d'un époux.

HORACE
Quelle injustice aux[2] dieux d'abandonner aux femmes
Un empire si grand sur les plus belles âmes,
Et de se plaire à voir de si faibles vainqueurs
Régner si puissamment sur les plus nobles cœurs !
1395 À quel point ma vertu devient-elle réduite !
Rien ne la saurait plus garantir[3] que[4] la fuite.
Adieu : ne me suis point, ou retiens tes soupirs.

SABINE, *seule.*
Ô colère, ô pitié, sourdes à mes désirs,
Vous négligez mon crime, et ma douleur vous lasse,
1400 Et je n'obtiens de vous ni supplice ni grâce !
Allons-y par nos pleurs faire encor un effort[5],
Et n'employons après que nous à notre mort.

---

1. **À punir** : pour, en vue de punir.
2. **Aux** : de la part de.
3. **Garantir** : protéger, sauver.
4. **Que** : sauf, sinon.
5. **Allons-y ... effort** : allons, par nos pleurs, faire un dernier effort en ce sens (emploi très libre de *y*).

REPÈRES

• Quelle est l'utilité de la scène 6 ? Pourquoi faire intervenir le personnage de Procule ?

OBSERVATION

• Montrez que le vers 1328 est une des clés de l'état d'esprit d'Horace.
• Étudiez l'ironie de Sabine dans les vers 1335-1347. Que réclame-t-elle de la part d'Horace ?
• Dans les vers 1348-1362, étudiez le vocabulaire de l'élévation et de l'union pour montrer qu'Horace demande à Sabine de s'élever jusqu'à sa hauteur d'âme en s'unissant moralement à lui. Montrez que cette idée s'appuie aussi sur une série d'oppositions.
• Montrez comment, dans les vers 1363-1390, Sabine refuse l'union morale proposée par Horace. Étudiez comment elle substitue le vocabulaire de la pitié à celui de la gloire. Quels termes montrent cependant que Sabine aime toujours Horace ?
• Quel est l'intérêt des vers 1380-1381 ?
• Comment réagit Horace dans les vers 1391-1397 ?

INTERPRÉTATIONS

La solitude d'Horace

• Établissez un parallèle entre les scènes 5 et 7. Comparez les deux héroïnes, leurs points de vue et le résultat obtenu.
• La scène 7 était-elle nécessaire, selon vous ? Peut-on voir dans la scène 7 une version affaiblie de la scène 5 ?
• Après le sommet dramatique de la scène 5, la scène 7 constitue un indiscutable fléchissement. En quoi, cependant, enrichit-elle et nuance-t-elle le caractère du héros cornélien ?
• Pourquoi Horace, qui vient de tuer Camille, ne tue-t-il pas Sabine qui le lui demande ? Analysez la solitude du héros.

L'action

• Quels sont les deux faits dramatiques importants de l'acte, et dans quelles scènes ?
• Quels éléments font de l'acte IV l'acte le plus dramatique, dans tous les sens du terme, de la pièce ?
• L'action est-elle terminée avec l'acte IV ? Nuancez votre réponse.

Les personnages

Horace ou le héros cornélien

• À l'acte IV, nous voyons Horace mettre en pratique les principes qu'il avait exposés à l'acte II. Définissez précisément ce que l'on pourrait appeler une éthique de la gloire.
• Montrez que le mouvement psychologique d'Horace dans l'acte IV consiste dans une ascension vertigineuse suivie d'une retombée brutale qui débouche sur une solitude absolue.

Camille ou l'énergie destructrice

Relevez les passages où Corneille a voulu bien montrer que les provocations de Camille étaient délibérées, et qu'elle savait pertinemment qu'elle risquait la mort, dans un double mouvement de destruction de la gloire du frère et d'autodestruction.

Interrogations

• Le meurtre de Camille, point culminant de l'acte, a été très critiqué, tant au nom des bienséances qu'au nom de la psychologie. Quelles précautions Corneille a-t-il prises pour respecter la lettre – sinon l'esprit – de la règle des bienséances ? Le meurtre de Camille est-il un « accident » ou est-il la suite logique de l'élimination des ennemis de Rome ?
• Pourquoi l'acte IV est-il le plus vivant d'une pièce qui peut parfois sembler statique ?

Étude pour le portrait de Camille
du Serment des Horaces. *David (1748-1825).*
Paris, collection Moussali.

ACTE V

SCÈNE PREMIÈRE. LE VIEIL HORACE, HORACE.

LE VIEIL HORACE

Retirons nos regards de cet objet funeste[1],
Pour admirer[2] ici le jugement céleste :
1405 Quand la gloire nous enfle[3], il sait bien comme il faut
Confondre[4] notre orgueil qui s'élève trop haut.
Nos plaisirs les plus doux ne vont point sans tristesse ;
Il mêle à nos vertus des marques de faiblesse
Et rarement accorde à notre ambition
1410 L'entier et pur honneur d'une bonne action.
Je ne plains point Camille : elle était criminelle ;
Je me tiens plus à plaindre, et je te plains plus qu'elle :
Moi, d'avoir mis au jour un cœur si peu romain ;
Toi, d'avoir par sa mort déshonoré ta main.
1415 Je ne la[5] trouve point injuste ni trop prompte ;
Mais tu pouvais, mon fils, t'en épargner la honte :
Son crime, quoique énorme[6] et digne du trépas,
Était mieux impuni que puni par ton bras.

HORACE

Disposez de mon sang, les lois vous en font maître ;
1420 J'ai cru devoir le sien aux lieux qui m'ont vu naître.
Si dans vos sentiments[7] mon zèle est criminel,

---

1. **Objet funeste :** il s'agit du corps de Camille, qui gît dans la pièce voisine (en coulisse). Ces mots sont prononcés par l'acteur au moment où il rentre en scène.
2. **Admirer :** considérer avec étonnement et respect.
3. **Nous enfle :** nous gonfle d'orgueil.
4. **Confondre :** rabaisser, humilier.
5. **La :** ta main.
6. **Énorme :** démesuré, monstrueux.
7. **Dans vos sentiments :** à votre avis.

S'il m'en faut recevoir un reproche éternel,
Si ma main en devient honteuse et profanée,
Vous pouvez d'un seul mot trancher ma destinée.
1425 Reprenez tout ce sang de qui[1] ma lâcheté
A si brutalement souillé la pureté.
Ma main n'a pu souffrir de crime en votre race ;
Ne souffrez point de tache en la maison d'Horace.
C'est en ces actions dont l'honneur est blessé
1430 Qu'un père tel que vous se montre intéressé[2] :
Son amour doit se taire où toute excuse est nulle ;
Lui-même il y[3] prend part lorsqu'il les dissimule ;
Et de sa propre gloire il fait trop peu de cas,
Quand il ne punit point ce qu'il n'approuve pas.

LE VIEIL HORACE

1435 Il n'use pas toujours d'une rigueur extrême ;
Il épargne ses fils bien souvent pour soi-même ;
Sa vieillesse sur eux aime à se soutenir,
Et ne les punit point, de peur de se punir.
Je te vois d'un autre œil que tu ne te regardes ;
1440 Je sais... Mais le roi vient, je vois entrer ses gardes.

SCÈNE 2. TULLE, VALÈRE, LE VIEIL HORACE, HORACE, TROUPE DE GARDES.

LE VIEIL HORACE

Ah ! sire, un tel honneur a trop d'excès pour moi ;
Ce n'est point en ce lieu que je dois voir mon roi :
Permettez qu'à genoux...

---

1. De qui : dont.
2. C'est en ... intéressé : un père tel que vous assume ses responsabilités dans ces actions qui offensent l'honneur.
3. Y : à ces actions déshonorantes (il devient complice).

TULLE
Non, levez-vous, mon père[1] :
Je fais ce qu'en ma place un bon prince doit faire.
1445 Un si rare service et si fort important
Veut l'honneur le plus rare et le plus éclatant.
(Montrant Valère.)
Vous en aviez déjà sa parole[2] pour gage ;
Je ne l'ai pas voulu différer davantage.
J'ai su par son rapport, et je n'en doutais pas,
1450 Comme de vos deux fils vous portez[3] le trépas,
Et que[4] déjà votre âme étant trop résolue,
Ma consolation vous serait superflue :
Mais je viens de savoir quel étrange malheur
D'un fils victorieux a suivi la valeur,
1455 Et que son trop d'amour pour la cause publique
Par ses mains à son père ôte une fille unique.
Ce coup est un peu rude à l'esprit[5] le plus fort,
Et je doute[6] comment vous portez cette mort.

LE VIEIL HORACE
Sire, avec déplaisir, mais avec patience[7].

TULLE
1460 C'est l'effet vertueux de votre expérience.
Beaucoup par un long âge ont appris comme vous
Que le malheur succède au bonheur le plus doux :
Peu savent comme vous s'appliquer ce remède,
Et dans leur intérêt[8] toute leur vertu cède.
1465 Si vous pouvez trouver dans ma compassion
Quelque soulagement pour votre affliction,

---

1. **Mon père** : titre de respect adressé à un homme d'un certain âge.
2. **Sa parole** : un geste désigne Valère.
3. **Portez** : supportez.
4. **Et que** : complément de « j'ai su ».
5. **À l'esprit** : pour l'esprit.
6. **Je doute** : je me demande.
7. **Patience** : fermeté résignée (sens étymologique).
8. **Dans leur intérêt** : quand leur intérêt est en jeu, quand ils sont concernés.

Ainsi que votre mal sachez qu'elle est extrême[1]
Et que je vous en plains autant que je vous aime.

VALÈRE

Sire, puisque le ciel entre les mains des rois
1470 Dépose sa justice et la force des lois,
Et que l'État demande aux princes légitimes
Des prix pour les vertus, des peines pour les crimes,
Souffrez qu'un bon sujet vous fasse souvenir
Que vous plaignez beaucoup ce qu'il vous faut punir.
1475 Souffrez...

LE VIEIL HORACE

Quoi ? Qu'on envoie un vainqueur au supplice ?

TULLE

Permettez qu'il achève, et je ferai justice :
J'aime à la[2] rendre à tous, à toute heure, en tout lieu.
C'est par elle qu'un roi se fait[3] un demi-dieu ;
Et c'est dont[4] je vous plains, qu'après un tel service
1480 On puisse contre lui[5] me demander justice.

VALÈRE

Souffrez donc, ô grand roi, le plus juste des rois,
Que tous les gens de bien vous parlent par ma voix.
Non que nos cœurs jaloux de ses honneurs s'irritent ;
S'il en reçoit beaucoup, ses hauts faits le méritent ;
1485 Ajoutez-y plutôt que d'en diminuer :
Nous sommes tous encor prêts d'y[6] contribuer ;
Mais puisque d'un tel crime il s'est montré capable,
Qu'il triomphe en vainqueur et périsse en coupable.
Arrêtez sa fureur, et sauvez de ses mains,
1490 Si vous voulez régner, le reste des Romains :

---

1. **Ainsi ... extrême** : sachez que ma compassion est aussi grande que le malheur qui vous frappe.
2. **La** : la justice.
3. **Se fait** : devient.
4. **C'est dont** : c'est ce dont.
5. **Contre lui** : contre Horace, désigné du geste.
6. **Prêts d'y** : prêts à y.

Il y va de la perte ou du salut du reste.
La guerre avait un cours si sanglant, si funeste,
Et les nœuds de l'hymen, durant nos bons destins,
Ont tant de fois uni des peuples si voisins
1495 Qu'il est peu de Romains que le parti contraire
N'intéresse en la mort d'un gendre ou d'un beau-frère[1],
Et qui ne soient forcés de donner quelques pleurs,
Dans le bonheur public, à leurs propres malheurs.
Si c'est offenser Rome, et que[2] l'heur de ses armes
1500 L'autorise à punir ce crime de nos larmes[3],
Quel sang[4] épargnera ce barbare vainqueur,
Qui ne pardonne pas à celui de sa sœur,
Et ne peut excuser cette douleur pressante
Que la mort d'un amant jette au cœur d'une amante,
1505 Quand, près d'être éclairés[5] du nuptial flambeau,
Elle voit avec lui son espoir au tombeau ?
Faisant triompher Rome, il se l'est asservie ;
Il a sur nous un droit et de mort et de vie ;
Et nos jours criminels ne pourront plus durer
1510 Qu'autant qu'à sa clémence il plaira l'endurer[6].
Je pourrais ajouter aux intérêts de Rome
Combien un pareil coup[7] est indigne d'un homme ;
Je pourrais demander qu'on mît devant vos yeux
Ce grand et rare exploit[8] d'un bras victorieux :

---

1. **Que le parti ... d'un beau-frère :** qui ne soient concernés par la mort, dans le camp ennemi, d'un gendre ou d'un beau-frère.
2. **Et que :** et si (« que » reprend une conjonction de subordination précédemment employée).
3. **Ce crime de nos larmes :** ce crime que sont nos larmes.
4. **Quel sang :** complément d'objet direct de « épargnera » (inversion).
5. **Éclairés :** ce pluriel est dû à un accord selon le sens (on considère ensemble les deux fiancés) et non la grammaire (elle).
6. **Qu'autant ... endurer :** qu'autant que sa clémence voudra bien le tolérer.
7. **Un pareil coup :** un tel acte de cruauté.
8. **Ce grand et rare exploit :** l'accusateur évoque la possibilité de faire apporter devant le juge le cadavre de Camille ; il y a ici à la fois antiphrase (ce meurtre est tout, sauf un exploit) et métonymie (on désigne l'acte, le meurtre, par son résultat, le cadavre).

1515 Vous verriez un beau sang, pour accuser sa rage,
D'un frère si cruel[1] rejaillir au visage :
Vous verriez des horreurs qu'on ne peut concevoir ;
Son âge et sa beauté[2] vous pourraient émouvoir ;
Mais je hais ces moyens qui sentent l'artifice.
1520 Vous avez à demain remis le sacrifice :
Pensez-vous que les dieux, vengeurs des innocents,
D'une main parricide acceptent de l'encens ?
Sur vous ce sacrilège[3] attirerait sa peine[4],
Ne le considérez qu'en objet de leur haine,
1525 Et croyez avec nous qu'en tous ces trois combats
Le bon destin de Rome a plus fait que son bras,
Puisque ces mêmes dieux, auteurs de sa victoire,
Ont permis qu'aussitôt il en souillât la gloire,
Et qu'un si grand courage, après ce noble effort,
1530 Fût digne en même jour[5] de triomphe et de mort.
Sire, c'est ce qu'il faut que votre arrêt décide.
En ce lieu Rome a vu le premier parricide ;
La suite en est à craindre, et la haine des cieux :
Sauvez-vous de sa main, et redoutez les dieux.

TULLE

1535 Défendez-vous, Horace.

HORACE

À quoi bon me défendre ?
Vous savez l'action, vous la venez d'entendre ;
Ce que vous en croyez me doit être une loi.
Sire, on se défend mal[6] contre l'avis d'un roi
Et le plus innocent devient soudain coupable,
1540 Quand aux yeux de son prince il paraît condamnable.
C'est crime qu'envers lui se vouloir excuser :

---

1. **D'un frère si cruel :** complément du nom « visage » (forte inversion).
2. **Son âge et sa beauté :** il s'agit de Camille.
3. **Ce sacrilège :** cet homme sacrilège.
4. **Sa peine :** le châtiment qu'il mérite.
5. **En même jour :** en un même jour.
6. **On se défend mal :** on a tort de se défendre.

Notre sang est son bien, il en peut disposer ;
Et c'est à nous de croire, alors qu'il en dispose,
Qu'il ne s'en prive point sans une juste cause.
1545 Sire, prononcez donc, je suis prêt d'obéir[1] ;
D'autres aiment la vie, et je la dois haïr.
Je ne reproche point à l'ardeur de Valère
Qu'en amant de la sœur il accuse le frère :
Mes vœux avec les siens conspirent[2] aujourd'hui ;
1550 Il demande ma mort, je la veux comme lui.
Un seul point entre nous met cette différence,
Que mon honneur par là cherche son assurance[3],
Et qu'à[4] ce même but nous voulons arriver,
Lui pour flétrir ma gloire, et moi pour la sauver.
1555 Sire, c'est rarement qu'il s'offre une matière
À[5] montrer d'un grand cœur la vertu tout entière.
Suivant l'occasion elle agit plus ou moins,
Et paraît forte ou faible aux yeux de ses témoins.
Le peuple, qui voit tout seulement par l'écorce[6],
1560 S'attache à son effet[7] pour juger de sa force ;
Il veut que ses dehors gardent un même cours,
Qu'ayant fait un miracle[8], elle en fasse toujours.
Après une action pleine, haute, éclatante,
Tout ce qui brille moins remplit mal son attente ;
1565 Il veut qu'on soit égal en tout temps, en tous lieux ;
Il n'examine point si lors on pouvait mieux,
Ni que[9], s'il ne voit pas sans cesse une merveille,
L'occasion est moindre et la vertu pareille :

---

1. **Prêt d'obéir** : prêt à obéir.
2. **Conspirent** : s'accordent.
3. **Cherche son assurance** : cherche à se mettre en sécurité.
4. **Que ... et qu'à** : propositions coordonnées expliquant en quoi consiste la différence mentionnée au vers 1551.
5. **Une matière à** : une occasion de.
6. **L'écorce** : la surface, l'apparence extérieure.
7. **Son effet** : son résultat, ce qu'elle produit.
8. **Miracle** : action admirable, merveilleuse (latinisme).
9. **Ni que** : ni si.

Son injustice accable et détruit les grands noms ;
1570 L'honneur des premiers faits se perd par les seconds,
Et quand la renommée a passé[1] l'ordinaire,
Si l'on n'en veut déchoir, il faut ne plus rien faire.
Je ne vanterai point les exploits de mon bras ;
Votre Majesté, sire, a vu mes trois combats :
1575 Il est bien malaisé qu'un pareil les seconde[2],
Qu'une autre occasion à celle-ci réponde,
Et que tout mon courage, après de si grands coups[3],
Parvienne à des succès qui n'aillent au-dessous ;
Si bien que, pour laisser une illustre mémoire,
1580 La mort seule aujourd'hui peut conserver ma gloire :
Encor la fallait-il[4] sitôt que j'eus vaincu,
Puisque pour mon honneur j'ai déjà trop vécu.
Un homme tel que moi voit sa gloire ternie,
Quand il tombe en péril de quelque ignominie,
1585 Et sa main aurait su déjà m'en garantir ;
Mais sans votre congé[5] mon sang n'ose sortir :
Comme il vous appartient, votre aveu doit se prendre[6] ;
C'est vous le dérober qu'autrement le répandre.
Rome ne manque point de généreux guerriers ;
1590 Assez d'autres sans moi soutiendront vos lauriers ;
Que Votre Majesté désormais m'en dispense ;
Et si ce que j'ai fait vaut quelque récompense,
Permettez, ô grand roi, que de ce bras vainqueur
Je m'immole à ma gloire, et non pas à ma sœur.

---

1. **A passé** : a dépassé.
2. **Les seconde** : les renouvelle, les suive.
3. **Coups** : exploits, hauts faits.
4. **La fallait-il** : l'aurait-il fallu.
5. **Congé** : autorisation.
6. **Votre aveu doit se prendre** : votre consentement doit être obtenu.

Repères

• Combien de temps a pu s'écouler entre l'acte IV et l'acte V ?
• Quelle est l'utilité de la scène 1 ?
• Quelle est la position du vieil Horace par rapport à son fils dans les scènes 1 et 2 ?

Observation

• En quoi les vers 1405-1406 résument-ils bien la situation d'Horace ?
• Étudiez le vocabulaire de la souillure dans la tirade d'Horace (vers 1419-1434).

Scène 2 : un réquisitoire et un plaidoyer *pro domo*
• Dans la première partie de la scène (vers 1441-1480), comment sont définis les rapports entre l'individu et l'État ? Quelle leçon de morale politique trouvons-nous dans les vers 1469-1480 ?
• Dressez un plan précis du « réquisitoire » de Valère (vers 1481-1534). Au nom de quels arguments prétend-il faire condamner Horace ? Pouvez-vous signaler, dans la présentation logique et stylistique de ces arguments, quelques subtilités ou artifices qui montrent que ce discours a été rédigé par un avocat.
• Quel est le plan du discours d'Horace ? Commentez le vers 1546 en en pesant tous les mots. Comment définiriez-vous l'attitude d'Horace à l'égard du peuple (vers 1559-1572) ? Relevez dans ces mêmes vers tous les termes exprimant une idée de hauteur ou de comparaison. Commentez l'orgueil d'Horace dans le vers 1594.

Interprétations

De la difficulté d'être un héros
• Pourquoi est-il, chez Corneille, encore plus difficile de rester un héros que de le devenir ? Quel est, aux yeux d'Horace, le seul moyen de ne pas déchoir ?
• Dans son discours, Horace cherche-t-il ou non à se défendre ?
• Des deux discours de Valère et d'Horace, lequel a le plus de force ? Pourquoi ?

Scène 3. Tulle, Valère, le Vieil Horace, Horace, Sabine.

SABINE

1595 Sire, écoutez Sabine, et voyez dans son âme
Les douleurs d'une sœur, et celles d'une femme
Qui, toute désolée[1], à vos sacrés genoux,
Pleure pour sa famille et craint pour son époux.
Ce n'est pas que je veuille avec cet artifice
1600 Dérober un coupable aux bras de la justice :
Quoi qu'il ait fait pour vous, traitez-le comme tel,
Et punissez en moi ce noble criminel ;
De mon sang[2] malheureux expiez tout son crime ;
Vous ne changerez point pour cela de victime :
1605 Ce n'en sera point prendre une injuste pitié,
Mais en sacrifier la plus chère moitié.
Les nœuds de l'hyménée et son amour extrême
Font qu'il vit plus en moi qu'il ne vit en lui-même ;
Et si vous m'accordez de mourir aujourd'hui,
1610 Il mourra plus en moi qu'il ne mourrait en lui ;
La mort que je demande, et qu'il faut que j'obtienne,
Augmentera sa peine et finira la mienne.
Sire, voyez l'excès de mes tristes ennuis[3],
Et l'effroyable état où mes jours sont réduits.
1615 Quelle horreur d'embrasser un homme dont l'épée
De toute ma famille a la trame coupée[4] !
Et quelle impiété de haïr un époux
Pour avoir[5] bien servi les siens, l'État et vous !

---

1. **Désolée** : délaissée, abandonnée.
2. **De mon sang** : au moyen de mon sang.
3. **Tristes ennuis** : atroces tourments (sens très fort).
4. **Couper la trame** : couper le fil (de la vie) [allusion au mythe des Parques] ; sur l'accord de « coupée », voir note 5 p. 97.
5. **De haïr ... pour avoir** : les deux infinitifs, pourtant dans la même proposition, n'ont pas le même sujet (c'est Sabine qui hait et c'est Horace qui sert) ; la langue contemporaine n'est plus aussi souple.

Le vieil Horace (Michel Etcheverry) et Tulle (Simon Heine).
Mise en scène de M. Tassencourt et T. Maulnier.
Festival de Versailles (palais du Grand Trianon), 1986.

Aimer un bras souillé du sang de tous mes frères !
1620 N'aimer pas un mari qui finit nos misères !
Sire, délivrez-moi par un heureux trépas
Des crimes de l'aimer et de ne l'aimer pas ;
J'en nommerai l'arrêt[1] une faveur bien grande.
Ma main peut me donner ce que je vous demande ;
1625 Mais ce trépas enfin me sera bien plus doux,
Si je puis de sa honte affranchir mon époux ;
Si je puis par mon sang apaiser la colère
Des dieux qu'a pu fâcher sa vertu trop sévère[2],
Satisfaire[3] en mourant aux mânes de sa sœur,
1630 Et conserver à Rome un si bon défenseur.

LE VIEIL HORACE, *au roi.*

Sire, c'est donc à moi de répondre à Valère.
Mes enfants avec lui conspirent contre un père :
Tous trois veulent me perdre et s'arment sans raison
Contre si peu de sang qui reste en ma maison.
(À Sabine.)
1635 Toi, qui, par des douleurs à ton devoir contraires,
Veux quitter un mari pour rejoindre tes frères,
Va plutôt consulter leurs mânes généreux ;
Ils sont morts, mais pour Albe, et s'en tiennent heureux :
Puisque le ciel voulait qu'elle fût asservie,
1640 Si quelque sentiment demeure après la vie,
Ce mal leur semble moindre, et moins rudes ses coups,
Voyant[4] que tout l'honneur en retombe sur nous ;
Tous trois désavoueront la douleur qui te touche,
Les larmes de tes yeux, les soupirs de ta bouche,
1645 L'horreur que tu fais voir d'un mari vertueux.
Sabine, sois leur sœur, suis ton devoir comme eux.
(Au roi.)

---

1. **J'en nommerai l'arrêt** : je dirai que cette décision est.
2. **Sévère** : rigoureuse, intransigeante.
3. **Satisfaire à** : accorder réparation à.
4. **Voyant** : quand ils voient.

Contre ce cher époux Valère en vain s'anime :
Un premier mouvement[1] ne fut jamais un crime ;
Et la louange est due, au lieu du châtiment,
1650 Quand la vertu produit ce premier mouvement.
Aimer nos ennemis avec idolâtrie,
De rage en leur trépas[2] maudire la patrie,
Souhaiter à l'État un malheur infini,
C'est ce qu'on nomme crime, et ce qu'il a puni.
1655 Le seul amour de Rome a sa main animée :
Il serait innocent s'il l'avait moins aimée.
Qu'ai-je dit, sire ? il l'est, et ce bras paternel
L'aurait déjà puni s'il était criminel :
J'aurais su mieux user de l'entière puissance
1660 Que me donnent sur lui les droits de la naissance ;
J'aime trop l'honneur, sire, et ne suis point de rang
À souffrir ni d'affront ni de crime en mon sang.
C'est dont[3] je ne veux point de témoin que[4] Valère :
Il a vu quel accueil lui gardait ma colère,
1665 Lorsqu'ignorant encor la moitié du combat,
Je croyais que sa fuite avait trahi l'État.
Qui[5] le fait se charger des soins de ma famille ?
Qui le fait, malgré moi, vouloir venger ma fille ?
Et par quelle raison, dans son juste trépas,
1670 Prend-il un intérêt qu'un père ne prend pas ?
On craint qu'après sa sœur il n'en maltraite[6] d'autres !
Sire, nous n'avons part qu'à la honte des nôtres,
Et de quelque façon qu'un autre puisse agir,
Qui ne nous touche point ne nous fait point rougir.
(À Valère.)
1675 Tu peux pleurer, Valère, et même aux yeux d'Horace ;

---

1. **Premier mouvement** : élan passionné, acte impulsif.
2. **De rage en leur trépas** : sous l'effet de la rage qu'inspire leur mort.
3. **C'est dont** : c'est ce dont.
4. **Que** : autre que.
5. **Qui** : qu'est-ce qui (neutre).
6. **Maltraiter** : euphémisme pour tuer.

Il ne prend intérêt qu'aux crimes de sa race :
Qui n'est point de son sang ne peut faire d'affront
Aux lauriers immortels qui lui ceignent le front.
Lauriers, sacrés rameaux qu'on veut réduire en poudre,
1680 Vous qui mettez sa tête à couvert de la foudre,
L'abandonnerez-vous à l'infâme couteau
Qui fait choir les méchants sous la main d'un bourreau ?
Romains, souffrirez-vous qu'on vous immole un homme
Sans qui Rome aujourd'hui cesserait d'être Rome,
1685 Et qu'un Romain s'efforce à[1] tacher le renom
D'un guerrier à qui tous doivent un si beau nom ?
Dis, Valère, dis-nous, si tu veux qu'il périsse,
Où tu penses choisir un lieu pour son supplice ?
Sera-ce entre ces murs que mille et mille voix
1690 Font résonner encor du bruit de ses exploits ?
Sera-ce hors des murs, au milieu de ces places
Qu'on voit fumer encor du sang des Curiaces,
Entre leurs trois tombeaux, et dans ce champ d'honneur
Témoin de sa vaillance et de notre bonheur ?
1695 Tu ne saurais cacher sa peine à sa victoire[2] ;
Dans les murs, hors des murs, tout parle de sa gloire,
Tout s'oppose à l'effort de ton injuste amour,
Qui veut d'un si bon sang souiller un si beau jour.
Albe ne pourra pas souffrir un tel spectacle,
1700 Et Rome par ses pleurs y mettra trop d'obstacle.
(Au roi.)
Vous les préviendrez, sire ; et par un juste arrêt
Vous saurez embrasser bien mieux son intérêt[3].
Ce qu'il a fait pour elle, il peut encor le faire :
Il peut la garantir encor d'un sort contraire.
1705 Sire, ne donnez rien à mes débiles ans :

---

1. S'efforce à : s'efforce de.
2. Tu ne saurais cacher sa peine à sa victoire : tu ne pourrais trouver, pour
son châtiment, de lieux qui n'aient été témoins de sa victoire.
3. Son intérêt : l'intérêt de Rome.

Rome aujourd'hui m'a vu père de quatre enfants ;
Trois en ce même jour sont morts pour sa querelle ;
Il m'en reste encor un, conservez-le pour elle :
N'ôtez pas à ces murs un si puissant appui ;
1710 Et souffrez, pour finir, que je m'adresse à lui.
(À Horace.)
Horace, ne crois pas que le peuple stupide[1]
Soit le maître absolu d'un renom bien solide :
Sa voix tumultueuse assez souvent fait bruit[2],
Mais un moment l'élève, un moment le[3] détruit ;
1715 Et ce qu'il contribue[4] à notre renommée
Toujours en moins de rien se dissipe en fumée.
C'est aux rois, c'est aux grands, c'est aux esprits bien faits,
À voir la vertu pleine en ses moindres effets ;
C'est d'eux seuls qu'on reçoit la véritable gloire :
1720 Eux seuls des vrais héros assurent la mémoire.
Vis toujours en Horace[5], et toujours auprès d'eux
Ton nom demeurera grand, illustre, fameux,
Bien que l'occasion, moins haute ou moins brillante,
D'un vulgaire ignorant[6] trompe l'injuste[7] attente.
1725 Ne hais donc plus la vie, et du moins vis pour moi,
Et pour servir encor ton pays et ton roi.
Sire, j'en ai trop dit ; mais l'affaire vous touche ;
Et Rome tout entière a parlé par ma bouche.

                              VALÈRE

Sire, permettez-moi...

---

1. **Stupide** : sens fort et étymologique (frappé de stupeur, hébété et donc incapable de juger sainement).
2. **Fait bruit** : crée une réputation.
3. **Le** : les pronoms « l' » et « le » désignent « bruit ».
4. **Contribue** : ajoute, apporte.
5. **En Horace** : à la manière d'Horace (c'est-à-dire en restant fidèle à toi-même et à ta gloire) ; voir des expressions comme « parler en connaisseur », « agir en galant homme ».
6. **D'un vulgaire ignorant** : de la foule ignorante (l'emploi de « vulgaire », comme substantif, est un latinisme).
7. **Injuste** : injustifiée, déraisonnable.

TULLE
Valère, c'est assez :

1730 Vos discours par les leurs ne sont pas effacés ;
J'en garde en mon esprit les forces plus pressantes[1]
Et toutes vos raisons me sont encor présentes.
Cette énorme action faite presque à nos yeux
Outrage la nature et blesse jusqu'aux dieux.
1735 Un premier mouvement qui produit un tel crime
Ne saurait lui servir d'excuse légitime :
Les moins sévères lois en ce point sont d'accord ;
Et si nous les suivons, il est digne de mort.
Si d'ailleurs[2] nous voulons regarder le coupable,
1740 Ce crime quoique grand, énorme, inexcusable,
Vient de la même épée et part du même bras
Qui me fait aujourd'hui maître de deux États.
Deux sceptres en ma main, Albe à Rome asservie,
Parlent bien hautement en faveur de sa vie :
1745 Sans lui j'obéirais où je donne[3] la loi,
Et je serais sujet où je suis deux fois roi.
Assez de bons sujets dans toutes les provinces
Par des vœux impuissants s'acquittent vers[4] leurs princes ;
Tous les peuvent aimer, mais tous ne peuvent pas
1750 Par d'illustres effets[5] assurer leurs États ;
Et l'art et le pouvoir d'affermir des couronnes
Sont des dons que le ciel fait à peu de personnes.
De pareils serviteurs sont les forces des rois,
Et de pareils aussi sont au-dessus des lois.
1755 Qu'elles se taisent donc ; que Rome dissimule
Ce que dès sa naissance elle vit en Romule[6].

---

1. **Les forces plus pressantes** : les arguments les plus frappants (comparatif au lieu du superlatif relatif).
2. **D'ailleurs** : d'un autre côté, au contraire (sens premier).
3. **Où je donne** : là où je fais.
4. **Vers** : envers.
5. **Illustres effets** : actions éclatantes.
6. **Romule** : forme francisée de Romulus, fondateur légendaire de Rome, meurtrier de son frère Remus.

Elle peut bien souffrir en son libérateur
Ce qu'elle a bien souffert en son premier auteur[1].
Vis donc, Horace, vis, guerrier trop magnanime :
1760 Ta vertu met ta gloire au-dessus de ton crime ;
Sa chaleur[2] généreuse a produit ton forfait ;
D'une cause si belle il faut souffrir l'effet.
Vis pour servir l'État ; vis, mais aime Valère.
Qu'il ne reste entre vous ni haine ni colère ;
1765 Et soit qu'il ait suivi l'amour ou le devoir,
Sans aucun sentiment[3] résous-toi de le voir[4].
Sabine, écoutez moins la douleur qui vous presse ;
Chassez de ce grand cœur ces marques de faiblesse :
C'est en séchant vos pleurs que vous vous montrerez
1770 La véritable sœur de ceux que vous pleurez.
Mais nous devons aux dieux demain un sacrifice ;
Et nous aurions le ciel à nos vœux mal propice,
Si nos prêtres, avant que de sacrifier,
Ne trouvaient les moyens de le purifier :
1775 Son père en prendra soin ; il lui sera facile
D'apaiser tout d'un temps les mânes de Camille.
Je la plains ; et pour rendre à son sort rigoureux
Ce que peut souhaiter son esprit amoureux,
Puisqu'en un même jour l'ardeur d'un même zèle
1780 Achève le destin de son amant et d'elle,
Je veux qu'un même jour, témoin de leurs deux morts,
En un même tombeau voie enfermer leurs corps.

D. D. Petrus Corneille

---

1. **Auteur** : fondateur.
2. **Chaleur** : ardeur, zèle.
3. **Sentiment** : ressentiment.
4. **De le voir** : à le voir.

REPÈRES

• Les auteurs classiques ont coutume de lier les scènes entre elles de façon harmonieuse ; l'entrée en scène de Sabine est-elle préparée ou abrupte ? Quel est l'effet produit ?

• Dans la scène 3, quels personnages parlent le plus ? Quels personnages parlent le moins ? Pourquoi ?

• Comment se termine la pièce ?

OBSERVATION

La tirade de Sabine

• Quelle solution Sabine propose-t-elle au roi Tulle ?

• Relevez le vocabulaire de la douleur et du sacrifice dans ses propos. Opposez-lui le vocabulaire d'un bonheur paradoxal dans sa conclusion.

• Cette tirade est marquée par la rhétorique : donnez-en des exemples ; analysez la préciosité des vers 1607-1610.

La tirade du vieil Horace

• Le vieil Horace prononce-t-il un seul discours suivi, ou plusieurs discours successifs ?

• Que propose-t-il à Sabine ? Quel vers pourrait résumer son idée ?

• Aux vers 1647-1674, comment le vieux père veut-il dissuader le souverain de sévir ? Relevez les marques d'ironie et d'indignation vis-à-vis de Valère. Montrez qu'il réduit une affaire publique (un crime) à une affaire privée.

• Aux vers 1675-1700, quelle est la tactique de « l'avocat » ?

• Quel est l'argument essentiel des vers 1701-1710 ?

• À qui le vieil Horace s'adresse-t-il à la fin de son discours ? Pourquoi ?

La tirade du roi Tulle

• Montrez que les vers 1729-1738 commencent par s'opposer à l'un des arguments du vieil Horace (vers 1648).

• Étudiez comment les vers 1739-1758 contiennent en germe la doctrine de la « raison d'État » et même la justification du « secret d'État ». Quels sont les dangers d'une telle doctrine ? Quel est l'intérêt de l'évocation de Romulus (vers 1756) ?

• Que propose le roi à Horace, puis à Sabine (vers 1759-1770) ?
• Quel est le ton des derniers vers (vers 1771-1782) ? Quel mot revient dans les vers 1779-1782 ? Pourquoi ?

INTERPRÉTATIONS

Le dénouement

• Dans les premières éditions d'*Horace* (1641-1656), l'acte V comportait une scène supplémentaire qui clôturait la pièce. Julie (entrée en scène à la suite de Sabine) restait seule pour prononcer le monologue suivant :

« *Camille, ainsi le ciel t'avait bien avertie*
Des tragiques succès qu'il t'avait préparés ;
Mais toujours du secret il cache une partie
Aux esprits les plus nets et les mieux éclairés.
Il semblait nous parler de ton proche hyménée,
Il semblait tout promettre à tes vœux innocents ;
Et nous cachant ainsi ta mort inopinée,
Sa voix n'est que trop vraie en trompant notre sens.
Albe et Rome aujourd'hui prennent une autre face ;
Tes vœux sont exaucés, elles goûtent la paix ;
Et tu vas être unie avec ton Curiace
Sans qu'aucun mauvais sort t'en sépare jamais. »

• Pourquoi Corneille a-t-il supprimé ce monologue ? Pensez-vous que cette suppression constitue une amélioration ? Pourquoi ?
• Pourquoi Horace garde-t-il le silence tout au long de cette scène ? Imaginez l'attitude de l'acteur qui l'incarne.
• Pourquoi la vie proposée par le vieil Horace et par le roi au jeune héros est-elle à la fois acceptable et décevante ?
• Avons-nous affaire à un dénouement heureux ou malheureux ? Ce dénouement est-il tragique ?

*Camille (Ludmila Mikaël) dans la mise en scène de Jean-Pierre Miquel
à la Comédie-Française, 1971.*

L'action

• L'acte V a été critiqué du point de vue de l'unité d'action : avec le procès d'Horace commencerait une nouvelle intrigue, et l'unité d'action ne serait donc pas respectée. Partagez-vous ce point de vue ?

• Les censeurs de Corneille ont également considéré que les longs plaidoyers du cinquième acte constituaient un temps faible après le sommet tragique du quatrième acte. Pourtant, Corneille a toujours refusé de le modifier. Approuvez-vous cette critique ?

Les personnages

• Peut-on estimer avec Corneille que l'acte V complète de façon utile, et même nécessaire, la peinture du héros, en définissant son rôle dans la société ?

• Selon vous, Horace a-t-il évolué psychologiquement au cours de la pièce ? Si oui, à quel(s) moment(s) ?

• Le rôle du vieil Horace est-il, selon vous, déterminant dans la prise de décision du roi Tulle ?

• Si vous avez étudié *Le Cid*, comparez le rôle du roi Don Fernand, au dernier acte, à la figure du roi Tulle à l'acte V d'*Horace*.

Thèmes

• En quoi l'acte V est-il un monument d'éloquence judiciaire ?

• Comment sont définis la place et le rôle du pouvoir royal dans l'acte V ?

• En quoi l'acte V est-il une réflexion sur la faiblesse humaine face aux vicissitudes du sort ?

Comment lire l'œuvre

L'action

L'intrigue

Rome et Albe à la veille du combat (acte I)

Sous le règne du roi Tulle (672-640 av. J.-C., selon la tradition), Albe et Rome sont en guerre et vont se livrer un combat décisif. De nombreuses familles, issues de chacune des deux villes, se trouvent alliées par les sentiments. Ainsi, Sabine, jeune Albaine, a épousé un Romain (Horace), mais ses trois frères combattent pour leur patrie d'origine, Albe ; inversement, Camille, sœur d'Horace et donc romaine, est fiancée à l'un des frères de Sabine, Curiace, guerrier albain. On redoute une sanglante bataille générale ; mais Curiace, à la faveur d'une trêve, vient rejoindre sa fiancée et lui annonce qu'un combat entre trois guerriers de chaque camp décidera à quelle ville ira la victoire.

Désignation des Horaces et des Curiaces (acte II)

Rome a choisi ses champions : Horace et ses deux frères défendront sa cause. Curiace félicite son beau-frère et ami d'avoir été choisi, lorsque tombe la nouvelle : pour lutter contre les Horaces, Albe a choisi les trois Curiaces. Face à cette situation tragique, Curiace exprime sa révolte et sa souffrance, tandis que son adversaire se laisse emporter par l'exaltation patriotique et guerrière.

Camille et Sabine tentent de dissuader les deux guerriers de livrer ce combat contre nature. Elles sont proches de les attendrir quand survient le vieil Horace ; son autorité de *paterfamilias* (père de famille) met fin aux hésitations des héros, qui partent au combat.

Le combat (acte III)

Le troisième acte commence sur une note d'espoir : les deux armées s'opposent au combat de parents si proches et réclament d'autres combattants. Mais les dieux, consultés par un sacrifice, ordonnent que le combat ait lieu malgré tout. Son déroulement, raconté par Julie, « dame romaine », semble catastrophique pour Rome : deux des Horaces sont morts ; un seul survivant : le mari de Sabine, mais il a pris la fuite. Le vieil Horace, indigné, menace de châtier lui-même la lâcheté de son fils.

La victoire d'Horace et le meurtre de Camille (acte IV)

Coup de théâtre (scène 2) : les nouvelles précédentes étaient incomplètes. En réalité, Horace n'a fui que pour diviser ses adversaires plus ou moins grièvement blessés et a tué les trois Curiaces.

Le père du vainqueur laisse éclater sa joie ; Camille, bouleversée de douleur par la mort de son fiancé Curiace, refuse de s'associer à cette fierté familiale et patriotique. Elle provoque son frère qui revient en triomphateur, portant les dépouilles de son fiancé tué ; elle maudit violemment Rome, et Horace la transperce de son épée.

Le procès d'Horace (acte V)

Valère, un jeune Romain qui aimait Camille sans être payé de retour, réclame le châtiment du coupable. Horace, qui attache plus de prix à sa « gloire » qu'à sa vie, consent à peine à se défendre. C'est le vieil Horace qui assure la défense de son fils, en soulignant notamment les services qu'il pourra rendre à l'État.

Le roi prononce sa sentence : sans nier la réalité du crime, il acquitte Horace pour ses mérites exceptionnels envers Rome, invite à la réconciliation générale et ordonne la réunion de Camille et Curiace dans un même tombeau.

Le schéma narratif

La structure d'*Horace* est conforme aux exigences de son époque : un acte d'exposition, qui introduit dès la scène 3 un premier coup de théâtre lui évitant de languir ; trois actes ponctués de péripéties et de coups de théâtre ; un dernier acte qui dénoue l'intrigue : que faire d'Horace, héros national et meurtrier ? Le tout étant rythmé par l'alternance de moments d'espoir et d'angoisse, comme si Corneille, en maître consommé du « suspense », voulait jouer sur les nerfs de ses personnages et des spectateurs.

À ce titre, Tite-Live lui fournissait une matière privilégiée, chronologiquement très dense et déjà structurée en quelques grands épisodes (discours du dictateur albain, combat, meurtre de Camille, jugement d'Horace). Mais le plus bel effet dramatique de la pièce est bien dû à Corneille : chez Tite-Live, le combat est décrit linéairement, « en direct ». La règle des bienséances obligeait Corneille à présenter ce combat à travers un récit. Mais son originalité consiste à l'avoir distribué entre deux messagers, partagé en deux scènes, et même, en deux actes

EXPOSITION

ACTE I

La situation des deux camps – romain et albain –, celle des deux familles – Horaces et Curiaces – nous sont successivement exposées.

NŒUD

ACTE II

Les trois Horaces et les trois Curiaces sont désignés pour le combat décisif qui doit déterminer l'avenir de leur pays (l'annonce du choix de Curiace est un véritable coup de théâtre). Sabine et Camille tentent en vain de retenir Horace et Curiace qui partent pour le champ de bataille.

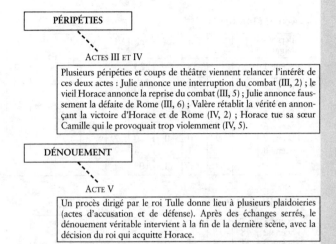

PÉRIPÉTIES

ACTES III ET IV

Plusieurs péripéties et coups de théâtre viennent relancer l'intérêt de ces deux actes : Julie annonce une interruption du combat (III, 2) ; le vieil Horace annonce la reprise du combat (III, 5) ; Julie annonce faussement la défaite de Rome (III, 6) ; Valère rétablit la vérité en annonçant la victoire d'Horace et de Rome (IV, 2) ; Horace tue sa sœur Camille qui le provoquait trop violemment (IV, 5).

DÉNOUEMENT

ACTE V

Un procès dirigé par le roi Tulle donne lieu à plusieurs plaidoieries (actes d'accusation et de défense). Après des échanges serrés, le dénouement véritable intervient à la fin de la dernière scène, avec la décision du roi qui acquitte Horace.

(III, 6 et IV, 2) : ce découpage original donne lieu à un coup de théâtre remarquable au début de l'acte IV. Corneille est bien le maître dans l'art de renouveler l'intérêt par de nombreux rebondissements et péripéties.

L'enchaînement des scènes

J = Julie ; S = Sabine ; Cu = Curiace ; Ca = Camille ; H = Horace ; VH = Vieil Horace ; V = Valère ; T = Tulle ; P = Procule ; F = Flavian.

Présence des personnages et nombre de vers prononcés.

Acte I (346 vers)

Person-nages	J	S	Cu	Ca	H	VH	V	T	P	F
Scène 1	38	96								
Scène 2	14			86						
Scène 3	5		86	21						
=	57	96	86	107						

Acte II (346 vers)

Person-nages	J	S	Cu	Ca	H	VH	V	T	P	F
Scène 1			39		23					
Scène 2			7		0					7
Scène 3			42		50					
Scène 4			0	1	17					
Scène 5			44	32						
Scène 6		54	4	0,5	11					
Scène 7		9	0	0	0	7				
Scène 8			1		8	7				
=		63	137	33,5	109	14				7

Acte III (344 vers)

Scène 1		54								
Scène 2	48	18								
Scène 3	11	8		20,5						
Scène 4		28		29						
Scène 5		19		0		45				
Scène 6	9	6		0,5		48				
=	68	133		50		93				

Questions et remarques

• Le théâtre classique obéit à des règles bien précises relatives à la succession des scènes : il faut à tout prix éviter que le plateau ne reste vide et assurer une continuité harmonieuse entre les scènes.

Cette continuité résultera de plusieurs moyens techniques. Le plus courant est ce qu'on appelle **la liaison de présence** : la liaison entre deux scènes est assurée par la présence sur scène d'au moins un même personnage, tandis que d'autres se rajoutent, ou s'en vont. On peut également recourir à **la liaison de fuite**, quand un personnage entre en scène à la poursuite d'un autre qui s'en va pour le fuir ; une telle liaison est prohibée par les puristes, mais Corneille l'utilise. On parlera également de **liaison de recherche**, liaison assez proche de la précédente, quand un personnage quitte la scène juste au moment où, par

Acte IV (348 vers)

Person-nages	J	S	Cu	Ca	H	VH	V	T	P	F
Scène 1				4		13				
Scène 2				1mot		26,5	74,5			
Scène 3				0		22				
Scène 4				56						
Scène 5				42	30				0	
Scène 6					10,5				1,5	
Scène 7		46			22				0	
=		46		102	62,5	61,5	74,5		1,5	

Acte V (380 vers)

	J	S	Cu	Ca	H	VH	V	T	P	F
Scène 1					16	22				
Scène 2					59,5	4,5	60	30		
Scène 3		36			0	98	0,5	53,5		
=		36			75,5	124,5	60,5	83,5		

Total des vers

	J	S	Cu	Ca	H	VH	V	T	P	F
	125	374	223	293	247	293	135	83,5	1,5	7

hasard, un autre entre sur scène, généralement dans l'intention de le voir. **La liaison de bruit**, extrêmement rare, est également envisagée par les théoriciens quand un personnage quitte la scène ou entre en scène, parce qu'il a entendu un bruit qui l'alerte : elle n'existe pas dans *Horace*.

Relevez des exemples dans lesquels la liaison de présence est soulignée par des vers introducteurs. Donnez au moins un exemple de liaison de fuite.

• On comptera le nombre de scènes où apparaît chacun des principaux personnages. Quels personnages apparaissent le plus ? Cette constatation correspond-elle à votre attente ?

• Si l'on recense le nombre de vers prononcés par chaque personnage, Sabine prononce 374 vers, Camille et le vieil Horace 293, Horace 247, Curiace 223, Valère 135, Julie 125, Tulle 83, Flavian 7, et Procule 2. Quels sont les personnages les plus bavards ? Vous nuancerez votre réponse en vous rappelant que nous ne voyons Curiace que dans les deux premiers actes. Pourquoi Horace n'est-il pas le personnage qui parle le plus, alors qu'il est le héros de la pièce ?

• Quel personnage voyons-nous le plus dans l'acte II ? l'acte III ? l'acte IV ? Pourquoi ?

• Vous déterminerez dans quelle mesure chaque acte est dominé davantage par une présence féminine, ou une présence masculine. Que pouvez-vous en conclure ?

Le schéma actantiel

L'analyse psychologique traditionnelle mettait l'accent sur la psychologie des personnages, comparant la vigueur morale d'Horace et les hésitations de Curiace, ou l'énergie de Camille et les tendances suicidaires de Sabine. Une telle analyse reste valable, mais ne rend pas compte de la dynamique de la pièce. L'analyse actantielle va précisément nous montrer que les enjeux d'une pièce peuvent être perçus de manière différente. Il s'agit en effet d'analyser les rapports de forces qui existent entre les différents personnages, voire entre certaines puissances invisibles ou abstractions qui influent sur le cours de la pièce.

Ces nouveaux schémas ont été inspirés par les analyses de Vladimir Propp sur la *Morphologie du conte* (1928) et repris en 1966 par A.-J. Greimas dans sa *Sémantique structurelle*. Les travaux d'Anne Ubersfeld sur le théâtre ont contribué à répandre ces modèles.

On analysera chaque personnage principal comme **sujet** de l'action, poursuivant un **objet**. Ce personnage sera poussé à agir par un **destinateur**, qui peut être un personnage ou une action, et un **destinataire** sera le bénéficiaire de l'action du sujet. Un ou plusieurs **adjuvants** aideront le sujet dans la réalisation de sa quête ou de son désir, tandis que des **opposants** s'y opposeront. Les adjuvants et les opposants pourront se situer d'ailleurs à des niveaux divers, selon qu'ils influent davantage sur le sujet, ou sur les rapports entre le sujet et l'objet.

Horace

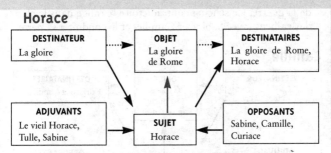

Un tel schéma est simple. Il montre d'abord qu'Horace est environné par le souci de sa gloire et de la gloire de Rome. Quant aux autres personnages, ils s'articulent nettement par rapport à lui : d'une part, un adjuvant principal, en la personne du vieil Horace, qui ralliera à sa cause le roi Tulle au dénouement ; d'autre part, les opposants, d'abord représentés par les femmes, puis par Curiace, qui, dans sa faiblesse, rejoint le camp des femmes ; on peut également dire que le clan des opposants à Horace représente le clan des vaincus (deux morts : Curiace et Camille ; et une épouse désespérée, Sabine, qui hésite entre deux attitudes opposées).

Curiace

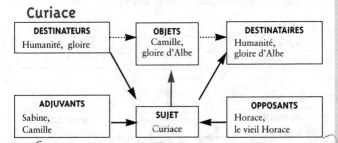

Ce qui est caractéristique du schéma de Curiace est qu'il est partagé entre des tendances et des aspirations contradictoires : il voudrait répondre à la fois aux exigences des sentiments humains (amour, amitié) et aux exigences des devoirs

159

de la guerre. Ce schéma contradictoire le range dans le clan des vaincus (avec Sabine et Camille) et le conduit à sa perte.

Camille

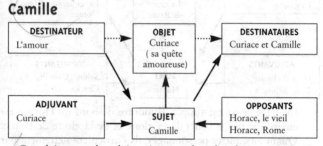

Ce schéma est le schéma inverse de celui d'Horace. Là où l'on trouvait la gloire pour Horace, on trouve ici l'amour pour Camille. De même, Horace et son principal adjuvant (le vieil Horace) seront les opposants de Camille. Le seul adjuvant de Camille est Curiace, qui est tué au cours de l'acte III. Elle reste alors totalement isolée face à Horace, et face à Rome, qu'elle invectivera au cours de l'acte IV. On constate donc l'isolement parallèle du frère et de la sœur, mais Horace fait partie du clan des vainqueurs, alors que Camille fait partie du clan des vaincus.

Sabine

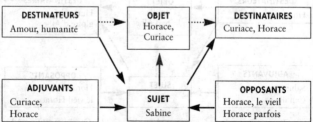

Le schéma de Sabine est complexe : il met en évidence ses contradictions, puisque Curiace et Horace, qui sont les destinataires et les objets de son affection, se trouvent opposés en tant qu'adjuvant et opposant, et en tant qu'ennemis dans le combat. Sabine, voulant servir des impératifs contradictoires, sera vouée à l'impuissance. Cependant, quoique faisant partie du clan des vaincus, elle ne mourra pas comme Camille et Curiace, car Horace continue à l'aimer jusqu'au bout, et s'alliera avec elle à la fin de l'acte IV et pendant l'acte V.

Les personnages

Personnages principaux

Horace

Horace à Curiace :

« Rome vous a nommé, je ne vous connais plus. »
Acte II, scène 3 (v. 502).

Camille à Horace :

« Donne-moi donc, barbare, un cœur comme le tien. »
Acte IV, scène 5 (v. 1278).

« La rencontre des deux antagonistes, soigneusement préparée, constitue sans aucun doute le duel le plus extraordinaire du théâtre de Corneille. Jamais la lutte à mort des consciences, le combat mortel du Moi héroïque contre un Autre Soi-Même n'auront atteint une telle perfection. Le Moi de Camille et celui d'Horace sont, en effet, doublement identiques : au niveau de la Vie, par la communauté du sang ; au niveau de la Conscience, par la communauté de la violence et le saut brutal "hors de l'ordre commun". »
Serge Doubrovsky, *Corneille et la dialectique du héros.*

Horace est le protagoniste de la pièce. Il paraît dans 13 scènes sur 27, ce qui fait de lui le deuxième personnage pour le nombre de scènes, Camille apparaissant dans 15 scènes. Cette présence importante du frère et de la sœur sur scène les signale comme des personnages essentiels pour l'action.

D'autre part, si l'on s'en tient au nombre de vers prononcés par Horace, on remarque que ses 247 vers ne font de lui que le quatrième personnage pour l'importance de la parole. On peut logiquement en déduire qu'Horace a été conçu par Corneille comme un personnage davantage doué pour l'action que pour la parole.

Horace est, dans les trois premiers actes, et dans le début de l'acte IV, **un héros épique** : cela signifie que le spectateur éprouve de l'admiration pour sa grandeur d'âme, sa supériorité, sa générosité. Horace domine alors les autres, tant par le sacrifice qu'il envisage de faire de sa vie que par sa victoire sur le clan albain. Il l'emporte jusque sur les lois naturelles de l'amitié et de la famille. La pièce est donc conçue en fonction de lui, et les autres personnages (Curiace, Sabine) s'articulent par rapport à lui, subissant la situation, alors que lui la domine.

Mais, avec les imprécations de Camille qui le poussent au meurtre de sa sœur, Horace devient **un personnage tragique** : le tragique consiste en effet dans l'irruption d'un fait inattendu, souvent porteur de mort, qui pousse le héros à l'irrémédiable. Horace est confronté au tragique à partir de la scène 5 de l'acte IV, et le spectateur éprouve alors pour lui crainte et pitié. On remarquera cependant que l'issue de la pièce n'est pas tragique pour lui, dans la mesure où le roi lui pardonne, et l'on peut se demander pourquoi : c'est que, pour Corneille, le protagoniste doit rester sympathique aux yeux du spectateur ; pour ce faire, le roi Tulle l'excuse et lui pardonne, la justification royale, absolue, prenant la place de la justification populaire racontée par Tite-Live.

En conséquence, certains critiques ont perçu Horace comme un personnage double : Corneille aurait sacrifié la cohérence du personnage au sujet (l'histoire de Tite-Live est fidèlement respectée) et à l'action, et il n'y aurait pas d'unité entre le héros épique du début et le personnage tragique et isolé de la fin. On peut, inversement, essayer de démontrer l'unité du personnage à travers les épreuves qu'il traverse : c'est toujours le même Horace qui affronte les étapes d'une sorte de rituel d'initiation qui, à la fin de la pièce, le transforme en sujet dévoué du roi. On·peut d'ailleurs remarquer les efforts de Corneille pour préparer le meurtre de Camille, à travers toutes les allusions à la « barbarie » d'Horace, en particulier dans la bouche de Curiace. On peut aller jusqu'à penser que l'intérêt majeur, pour Corneille, ne résidait pas dans le combat des Horaces et des Curiaces, mais dans l'affrontement du frère et de la sœur à l'acte IV. Le caractère épique du héros au début de la pièce servirait donc, essentiellement, à mettre en valeur l'énormité de la faute et de la chute à l'acte IV. Le meurtre de Camille n'est pas un hasard, il est voulu par Corneille, il est au centre de la pièce. Il n'y a donc pas contradiction entre les aspects épique et tragique de notre héros : Corneille est attiré par les caractères étranges et monstrueux, le meurtre de Camille est dans la continuité du caractère d'Horace ; l'épique et le tragique ne sont pas contradictoires chez Corneille, ils se renforcent.

Curiace

Curiace à Horace :

> « Ce triste et fier honneur m'émeut sans m'ébranler.
> J'aime ce qu'il me donne, et je plains ce qu'il m'ôte ;
> Et si Rome demande une vertu plus haute,
> Je rends grâces aux dieux de n'être pas Romain,
> Pour conserver encor quelque chose d'humain. »
>
> Acte II, scène 3 (v. 478-482).

Horace à Curiace :

> « Si vous n'êtes Romain, soyez digne de l'être ;
> Et si vous m'égalez, faites-le mieux paraître. »
>
> Acte II, scène 3 (v. 483-484).

> « Curiace est le combattant qui ne croit pas aux motifs de la guerre du droit, et qui fait son devoir de soldat, et qui meurt, sans qu'il ait réussi à faire naître en lui le partisan. »
>
> Robert Brasillach, *Corneille*.

Curiace n'est pas moins courageux qu'Horace ; les vers 461-468 et 543-550 témoignent de sa valeur militaire et de sa « vertu ». Mais le tort de Curiace est de rester humain, alors que son adversaire ne veut plus être que Romain. C'est pourquoi il s'empêtre dans ses contradictions, écartelé entre son devoir d'homme et son devoir patriotique. Les scènes 3 et 5 de l'acte II, où nous le voyons dialoguer avec son futur adversaire, puis avec Camille, sont révélatrices : Curiace maudit son sort, il se répand en plaintes (comme Sabine se répandait en pleurs) et passe insensiblement aux blasphèmes (v. 423 et suivants), à l'insulte (v. 456-458) et à l'apitoiement sur soi (v. 475). Mais il n'est pas libre de refuser le combat. Même les larmes de Camille ne peuvent le fléchir. À quoi bon, dans ce cas, ces grands élans de révolte, sinon à donner naissance à de superbes tirades, qui restent cependant de vains mots ? Curiace est voué à la parole malheureuse, qui affaiblit son moral, et le met en infériorité par rapport à Horace.

Plus humain sans doute, pathétique, Curiace peut inspirer notre sympathie moderne, mais il n'est pas le héros tragique de la pièce. Il évoque irrésistiblement les personnages des drames de la Renaissance, spectateurs horrifiés et impuissants de leur propre destin.

Camille

Camille à Horace :

« Rome, l'unique objet de mon ressentiment !
Rome, à qui vient ton bras d'immoler mon amant !
Rome qui t'a vu naître, et que ton cœur adore !
Rome enfin que je hais parce qu'elle t'honore ! »

Acte IV, scène 5 (v. 1301-1304).

Horace à Camille :

« Ô d'une indigne sœur insupportable audace !
D'un ennemi public dont je reviens vainqueur
Le nom est dans ta bouche et l'amour dans ton cœur ! »

Acte IV, scène 5 (v. 1268-1270).

« Sa malédiction sur Rome n'éclate point comme l'explosion involontaire d'une âme trop pleine : c'est une démarche calculée, à laquelle elle s'est mûrement excitée. »

Gustave Lanson, *Corneille*.

Contrairement à Curiace et à Sabine, condamnés à l'impuissance par leur incapacité à choisir entre deux contraires, Camille a nettement choisi son camp : celui de l'amour (v. 1195-1250). Est-elle pour autant une héroïne « racinienne » entièrement dominée par sa passion amoureuse ? Certainement pas ; les vers 230-232 prouvent qu'elle n'a pas perdu conscience de ses devoirs envers son pays et envers elle-même :

« *Cher amant, n'attends plus d'être un jour mon époux ;*
Jamais, jamais, ce nom ne sera pour un homme
Qui soit ou le vainqueur ou l'esclave de Rome. »

Il est vrai que, soudainement mise en présence de son amant, elle est toute prête à lui pardonner sa désertion supposée et à l'aimer malgré cette infamie.

Mais surtout, Camille n'est pas une dominée ; elle est une révoltée. Véritable héroïne cornélienne, elle se sacrifie délibérément à un principe, et se montre en cela la digne sœur d'Horace, qui trouve en elle un adversaire à sa taille. Si elle occupe une place à part dans le système héroïque cornélien, c'est qu'elle ne sacrifie ni à la gloire ni à la vengeance, mais à l'amour. Ce n'est nullement une jeune fille éplorée et « à bout de nerfs » qui accueille Horace au retour du combat ; c'est une femme lucide et maîtresse d'elle-même ; elle provoque sciemment et habilement le champion de la morale ennemie jusqu'à l'amener, en se sacrifiant elle-même, à anéantir sa propre gloire par l'acte le plus déshonorant qui soit, en lui faisant perdre l'extraordinaire maîtrise qu'il avait de lui-même.

Sabine

Sabine au roi Tulle :

> « Sire, écoutez Sabine, et voyez dans son âme
> Les douleurs d'une sœur, et celles d'une femme
> Qui, toute désolée, à vos sacrés genoux,
> Pleure pour sa famille et craint pour son époux. »
>
> Acte V, scène 3 (v. 1595-1598).

Tulle à Sabine :

> « Sabine, écoutez moins la douleur qui vous presse ;
> Chassez de ce grand cœur ces marques de faiblesse :
> C'est en séchant vos pleurs que vous vous montrerez
> La véritable sœur de ceux que vous pleurez. »
>
> Acte V, scène 3 (v. 1767-1770).

> « Une double fatalité, d'ordre sentimental et d'ordre social,
> impose à Sabine des mouvements inconciliables. »
>
> Octave Nadal, *Le Sentiment de l'amour
> dans l'œuvre de Pierre Corneille.*

La sœur de Curiace cherche vainement à trouver un impossible équilibre entre son patriotisme et son amour conjugal. Au début de l'acte III, elle tente de se hausser au niveau de l'héroïsme masculin, mais pour retomber immédiatement dans une faiblesse présentée par Corneille comme toute féminine... Au moins cette démarche lui aura-t-elle permis de constater qu'il n'était pas sans gloire de se montrer tel qu'on est réellement (v. 939-944).

Malgré ses sursauts d'énergie, Sabine est essentiellement passive, et aucune de ses interventions ne fera avancer l'action. Révélatrice est son attitude devant la mort : elle la réclame à trois reprises, elle menace de mettre elle-même fin à ses jours, mais, au baisser du rideau, elle est toujours vivante. Ce personnage créé de toutes pièces par Corneille parle beaucoup et bien ; c'est Sabine qui, de loin, prononce le plus grand

nombre de vers dans *Horace*, car l'auteur s'est manifeste-
ment attaché à sa créature : il lui prête ces longues tirades un
peu molles qui apparentent Sabine à ces héroïnes tragiques
de la fin du XVIe siècle ou du début du XVIIe siècle, qui ne
savent que commenter l'action et se lamenter. Sabine cultive
l'élégie là où Camille cultive l'énergie, ses larmes touchent le
spectateur comme elles touchent Horace, et le paradoxe est
que, dans le clan des personnages vaincus par la tragédie,
Sabine sera la seule à survivre.

Figures du patriotisme
Le vieil Horace : le père

Julie, à propos d'Horace :

« Que vouliez-vous qu'il fît contre trois ? »

Réponse du vieil Horace :

« Qu'il mourût [...] »

Acte III, scène 6 (v. 1021).

Le vieil Horace, statue rigide et glacée du *paterfamilias* (père
de famille), est souvent une véritable caricature du patriotisme. Dès sa première tirade (v. 679-682), il est le porte-
parole de la morale romaine qui envoie sans hésiter ses fils
au combat. Lorsqu'il croit qu'Horace s'est dérobé, il jure de
laver sa honte dans le sang de son fils (v. 1048-1050). De la
même manière, il a des paroles très dures pour le « *crime* »
de Camille, qui avait osé s'en prendre à son frère vainqueur.
Heureusement, Corneille s'est efforcé de nuancer le portrait
de ce citoyen modèle. Père aimant, il lui arrive aussi d'être
touché par les contradictions qui déchirent les siens : il
manque verser des larmes quand il voit le déchirement des
deux familles brisées par la guerre ; son cœur de père met, à
l'acte V, toute son énergie pour défendre son fils :

> *« Il [un père] n'use pas toujours d'une rigueur extrême ;*
> *Il épargne ses fils bien souvent pour soi-même ;*
> *Sa vieillesse sur eux aime à se soutenir,*
> *Et ne les punit point, de peur de se punir »* (v. 1435-1438).

Les arguments dont il usera auprès du roi Tulle seront déterminants dans la décision finale d'acquittement. Souvent caricatural, parfois relégué dans l'appartement des femmes avec lesquelles il commente l'action, ce vieillard retrouve à la fin de la pièce toute son énergie pour sauver son fils. Il n'est donc pas un personnage négligeable, surtout si l'on constate qu'il prononce autant de vers que Camille (293), et que seule Sabine parle davantage que lui.

Le roi Tulle

Le vieil Horace à Horace :

> *« C'est aux rois, c'est aux grands, c'est aux esprits bien faits,*
> *À voir la vertu pleine en ses moindres effets ;*
> *C'est d'eux seuls qu'on reçoit la véritable gloire :*
> *Eux seuls des vrais héros assurent la mémoire. »*
>
> Acte V, scène 3 (v. 1717-1720).

Le roi Tulle, noble réplique romaine du Don Fernand du *Cid*, a un rôle purement politique : c'est lui qui, telle une divinité issue de la tragédie grecque, tire les leçons des événements et rétablit la concorde universelle, un instant troublée par de terribles péripéties. Bon roi, il est essentiellement un juge qui assure l'équité entre ses sujets, et fait régner la vertu.

En prononçant son « *Vis pour servir l'État* [...] » (v. 1763), Tulle sauve Horace. Il le tire de son isolement en lui donnant un nouveau rôle et une place dans la société après ce qu'on pourrait qualifier de « parcours initiatique ». En même temps, il apporte à une tragédie qui ne concernait d'abord que des individus une solution à la hauteur de la raison d'État, et donne une dimension politique à la pièce.

*Julie (Claude Winter), dans une mise en scène
de Jean-Baptiste Miquel. Comédie-Française, 1971.*

Les unités

Pour comprendre la structure d'*Horace*, il faut se rappeler qu'en composant cette pièce Corneille avait pour ambition d'écrire la tragédie parfaite, afin de faire taire les critiques qui l'avaient malmené lors de la « querelle » du *Cid*. La nouvelle pièce devait notamment respecter parfaitement les unités de temps, de lieu et d'action qui s'imposaient sur les scènes françaises depuis 1635.

L'unité de temps

Loin de connaître les mêmes difficultés que pour *Le Cid*, Corneille n'a eu aucune peine à faire tenir l'action d'*Horace* en un seul jour. Il a soin de baliser de temps à autre le déroulement chronologique de la pièce. À la fin de l'acte I, par exemple, Curiace précise :

« *Dans deux heures au plus, par un commun accord,*
Le sort de nos guerriers réglera notre sort » (v. 329-330).

Les deux derniers vers de la tragédie soulignent aussi discrètement le respect de l'unité de temps :

« *Je veux qu'un même jour, témoin de leurs deux morts,*
En un même tombeau voie enfermer leurs corps » (v. 1781-1782).

L'unité de lieu

Aucun problème non plus pour l'unité de lieu : toute la pièce se passe dans la maison d'Horace, dans l'atrium probablement. Le choix est habile : c'est là qu'on se réunit, c'est là qu'on commente les nouvelles, c'est là qu'arrivent messagers ou soldats venus du dehors. Ce lieu pourra donc être tour à tour dominé par les femmes à l'acte I et par les hommes à l'acte II, visité par les jeunes gens comme par les vieillards. Les puristes ont chicané Corneille à propos de la venue du roi Tulle chez un simple particulier ; mais le dramaturge a pris soin de signaler le caractère exceptionnellement honorifique d'une telle démarche (v. 1150-1171 et 1441-1448). Le lieu d'*Horace* est donc un lieu de rencontres, où l'on commente l'action dans les trois premiers actes, où on la voit en direct aux deux derniers actes avec le meurtre de Camille et le jugement d'Horace.

Y a-t-il unité d'action ?

Si l'on définit l'unité d'action, comme le faisaient les penseurs du XVIIᵉ siècle, par l'unité de péril, Horace affronte deux périls successifs : dans le combat contre les Curiaces, puis dans le jugement qui pourrait le condamner à mort après le meurtre de Camille. On aurait donc logiquement deux actions. Les théoriciens des siècles passés ont même proposé trois actions successives pour *Horace* : le combat, le meurtre de Camille, le jugement. Certains critiques contemporains, comme G. Forestier, continuent à proposer une double lecture d'*Horace* : les premiers actes relèveraient du caractère épique du héros, tandis que les deux derniers s'inscriraient dans une rupture tragique.

Cette analyse n'est pas partagée par la majorité des lecteurs d'aujourd'hui, qui perçoivent avant tout l'unité de la pièce, y voyant une journée décisive dans la vie d'un homme, Horace, qui passe par une série d'épreuves : c'est d'ailleurs bien parce qu'il a tué Curiace qu'Horace, provoqué par Camille, est amené à tuer sa sœur, et c'est parce qu'il a tué Camille qu'il est traduit en justice. L'enchaînement est rigoureux. Même si Corneille admettait, dans son *Examen d'Horace*, le bien-fondé de tels reproches, le critique moderne est tenté de le défendre contre lui-même.

Le dénouement politico-moral

Une certaine faiblesse dramatique

Les critiques visant le cinquième acte sur un plan strictement dramatique sont sans doute mieux fondées : ce dernier acte paraît froid, bavard, languissant, et pour tout dire très nettement inférieur aux quatre premiers. Du meurtre de Camille (sommet de la pièce) aux grandiloquents plaidoyers du cinquième acte, quelle chute ! Ces longs discours, qui sentent le prétoire et sont bien artificiels, n'émeuvent guère le spectateur. Pourquoi, d'ailleurs, s'intéresserait-on au sort d'Horace, alors que le héros lui-même y est indifférent ?

La portée idéologique

En revanche, c'est bien l'acte V qui donne sa dimension idéologique, héroïque et morale à la pièce. Il est aussi indispensable qu'une moralité à la fin des fables de La Fontaine : il éclaire, explique et justifie. Le crime d'Horace soulève l'indignation de l'opinion publique incarnée par Valère. Son crime « grand, énorme, inexcusable » (v. 1740) est, en bon droit, passible de la peine de mort. Mais, à circonstances exceptionnelles, mesures exceptionnelles. Parce qu'il a sauvé Rome, le héros sera amnistié.

La leçon est claire : Corneille justifie ici politiquement les privilèges (loi s'appliquant de manière particulière à certains individus). Le héros cornélien, étant un être à part, a droit à un traitement à part. Mais à une condition : il devra désormais subordonner son désir de « gloire » aux intérêts de l'État. C'est pour l'État une manière de « récupérer » à son profit l'énergie héroïque en assignant au héros une place dans la société. Le pouvoir royal (celui de Louis XIII plus encore que celui de Tulle) a besoin de héros agissants et pas seulement de « bien-pensants » :

« Assez de bons sujets dans toutes les provinces
Par des vœux impuissants s'acquittent vers leurs princes ;
Tous les peuvent aimer, mais tous ne peuvent pas
Par d'illustres effets assurer leurs États » (v. 1747-1750).

Le dénouement politico-moral d'*Horace* est sous-tendu par le renouveau de la doctrine catholique et monarchique, qui s'amorce à l'époque où Corneille écrit sa pièce : aux prières sincères, mais sans efficacité immédiate, on préfère de plus en plus les actes qui contribuent à la gloire de Dieu (ou du souverain). En un mot, plutôt les œuvres que la foi.

La solitude tragique du héros

Le personnage d'Horace a souvent été jugé sévèrement à l'époque moderne. Brasillach l'a même comparé à un jeune nazi, qui sacrifie allègrement famille, sentiments, humanité à la gloire de son pays ! À première lecture, il faut l'avouer, Horace donne l'image archaïque d'un patriotisme forcené, qu'on peut croire dépassé aujourd'hui.

Sacrifier les siens…

Mais le personnage acquiert une tout autre dimension si on le replace dans le système héroïque cornélien. Horace, c'est un fait, ne se pose pas de questions inutiles. Il accepte avec joie et allégresse (II, 1 et 3) de défendre les couleurs romaines, heureux d'avoir une occasion de prouver sa valeur aux autres et à soi-même. La nécessité de combattre son beau-frère et ami, « *un autre soi-même* », constitue une chance supplémentaire (v. 443-452) : plus on sacrifie de sentiments humains et plus on se met au-dessus des hommes. Le héros cornélien est donc bien, avant tout, le héros du dépassement de soi-même et du sacrifice. Si Rodrigue avait pu, miraculeusement, concilier sa gloire et ses sentiments, Horace, lui, va plus loin dans ce processus de renoncement-dépassement : il doit effectivement immoler l'amitié et la famille à sa propre gloire. Peu s'en faut qu'il ne se sacrifie lui-même…

On est libre de déceler dans cette attitude des tendances masochistes et automutilatrices, mais ce serait sans doute porter un regard anachronique sur le monde cornélien. Ce n'est pas un malade, mais un héros que l'auteur proposait à l'admiration des spectateurs. La farouche jubilation d'Horace après sa désignation a également le droit de nous choquer aujourd'hui. Mais, derrière ce fanatisme, n'y a-t-il pas l'effort pathétique d'une personnalité beaucoup plus fragile qu'il n'y paraît, la volonté de se donner du courage par la récitation d'un « catéchisme » patriotique ?

Sur un plan pratique, l'attitude d'Horace n'est-elle pas plus réaliste, plus vivable que les plaintes et les blasphèmes de Curiace ? Le combat entre Rome et Albe rend impossible une morale du juste équilibre ; il ne reste donc que deux attitudes rationnellement possibles dans une situation aussi atroce : l'acceptation ou la désertion. En jouant pleinement le jeu de l'héroïsme, le jeune Romain ne nie pas l'horreur de la situation : il la dépasse.

Cet idéal de gloire n'a d'ailleurs rien d'égoïste. En jouant sur les sens ancien et moderne du terme, cet idéal peut être qualifié de « généreux » : Horace tente sincèrement de partager sa gloire avec Curiace :

« *Puis nous irons ensemble où l'honneur nous appelle* » (v. 532). Le jeune Romain rêve de fraternité héroïque.

De même, les conseils qu'il adresse à Camille avant le combat (II, 4), son moment de faiblesse devant sa femme (II, 7, v. 673-674 et IV, 7, v. 1395-1397) montrent bien qu'il comprend la souffrance d'autrui et qu'il la partage. Si Horace ne souffrait plus, il n'aurait aucun mérite et ne serait pas un héros tragique. Dans son *Discours de la tragédie*, Corneille reprend la définition d'Aristote de la « pitié tragique ».

« Qu'un ennemi tue ou veuille tuer son ennemi, cela ne produit aucune commisération... Qu'un indifférent tue un indifférent, cela ne touche guère davantage, d'autant qu'il n'excite aucun combat dans l'âme de celui qui fait l'action ; mais quand les choses arrivent entre des gens que la naissance ou l'affection attache aux intérêts l'un de l'autre, comme alors qu'un mari tue ou est prêt de tuer sa femme, une mère ses enfants, un frère sa sœur ; c'est ce qui convient merveilleusement à la tragédie [...] Horace et Curiace ne seraient point à plaindre, s'ils n'étaient point amis et beaux-frères. »

Le meurtre de Camille n'est pas moins tragique, mais se situe sur un autre plan que le combat contre Curiace. Il résulte du choc inévitable de deux logiques, de deux conceptions de la vie. Horace subordonne tout à l'honneur ; Camille, inversement, place l'amour au-dessus de tout. Ce sont deux systèmes de valeurs qui s'excluent mutuellement.

... et se sacrifier soi-même

Pourquoi Horace reste-t-il si étrangement absent du débat qui doit fixer son sort (acte V) ? En demandant à être immolé, non aux mânes de sa sœur, mais à sa gloire (v. 1594), lui-même nous fournit l'explication de son comportement. Il est parvenu à une telle hauteur qu'il lui est impossible de se maintenir sur ces sommets. D'où le vers fameux : « *La mort seule aujourd'hui peut conserver ma gloire* » (v. 1580). Le meurtre de sa sœur constitue déjà une déchéance, et, soit regret d'avoir taché l'éclat de sa jeune gloire, soit peur de tomber plus bas encore, Horace est prêt à mourir.

En un sens, il entend la pire sentence qu'il pouvait redouter : il est condamné à vivre, mais à vivre pour Rome, et non plus pour sa seule gloire. Son héroïsme doit se transfigurer en action au service de l'État. Horace doit revenir parmi les hommes (v. 1763).

Ce jugement remet socialement les choses en place. Mais, indiscutablement, cet héroïsme solitaire et suicidaire a quelque chose de désespéré ; au-dessus des hommes, mais rejeté par eux, Horace est un déclassé. Il n'est, cependant, qu'un avatar du héros cornélien. Avec Auguste, l'héroïsme montera sur le trône et trouvera sa vraie place dans la société : la première. Mais c'est surtout Polyeucte qui indiquera la véritable patrie de ces héros du dépassement et du sacrifice : le ciel.

Le thème du parricide

Il existe un paradoxe chez Corneille : ce vertueux dramaturge, qui mit plus tard en vers français l'*Imitation de Jésus-Christ*, était fasciné par les créatures monstrueuses, par les exploits insensés, même s'ils étaient contre nature. Une de ces fascinations cachées s'exprime dans le thème récurrent du parricide.

On peut lire *Horace* à travers ce thème, si l'on admet que le meurtre de Camille a tout autant intéressé Corneille que le combat des Horaces et des Curiaces. Rappelons d'abord que le mot « parricide » possède, au XVIIᵉ siècle, un sens plus large qu'aujourd'hui : il désigne aussi bien le meurtre du père que celui de la mère, des frères et sœurs, des enfants, et même du souverain.

Ce thème du parricide peut se lire à deux niveaux dans *Horace* : au niveau public et politique, et au niveau privé, les deux entretenant de subtiles interactions. Au début de la pièce, Sabine s'élève contre l'attitude parricide de Rome qui se retourne contre sa mère fondatrice, Albe :

« Albe est ton origine : arrête, et considère
Que tu portes le fer contre le sein de ta mère » (v. 55-56).

Sabine ne manque pas d'évoquer, en même temps, Romulus et les origines de Rome. Or, c'est ce même Romulus que nous retrouvons à la fin de la pièce, cette fois-ci invoqué par le roi Tulle pour justifier le meurtre de Camille : Romulus avait déjà donné l'exemple d'un parricide en tuant son frère Rémus. On voit que si Sabine, fidèle aux lois de la nature, condamne le « parricide » commis par Rome quand elle se retourne contre Albe, l'interprétation du parricide par Tulle est tout autre : le parricide est envisagé comme l'acte fondateur de l'État romain, le sacrifice nécessaire de la nature à l'État. Et telle est bien la lecture de Corneille.

Sur un plan privé, Horace renouvelle le parricide en tuant sa sœur Camille. Cet acte est d'abord jugé sévèrement par l'ensemble des personnages ; depuis Procule :

« Vous deviez la traiter avec moins de rigueur » (v. 1325).

jusqu'au roi Tulle :

« Cette énorme action faite presque à nos yeux
Outrage la nature et blesse jusqu'aux dieux » (v. 1733-1734).

Cependant, pour Corneille, Horace, quoique « barbare », n'est pas un monstre : le parricide n'est que la conséquence de l'exacerbation des vertus héroïques. D'où le parallèle avec Romulus : personne ne reproche à Romulus d'avoir tué son frère Rémus, car il a fondé l'État romain ; de la même façon, le parricide d'Horace est excusé par la raison d'État :

« De pareils serviteurs sont les forces des rois,
Et de pareils aussi sont au-dessus des lois.
Qu'elles se taisent donc ; que Rome dissimule
Ce que dès sa naissance elle vit en Romule » (v. 1753-1756).

Loin d'être une exception, une inadvertance, le meurtre de Camille est donc central dans *Horace* ; l'inconscient de Corneille aime ces faces cachées de la démesure humaine.

Correspondances

Le thème du parricide est récurrent dans l'œuvre de Corneille. On en trouvera ici quelques exemples.

Dans sa première tragédie, *Médée,* pièce baroque injustement méconnue, Corneille nous donne l'impression de comprendre les sentiments de la magicienne Médée, épouse de Jason, mais trahie par celui-ci pour la belle Créuse, et qui entreprend de se venger. Or Médée entreprend de tuer non seulement Créuse, mais aussi les enfants qu'elle a eus de Jason : le parricide est ici infanticide. Voici les ultimes hésitations de Médée :

« Est-ce assez, ma vengeance, est-ce assez de deux morts ?
Consulte avec loisir tes plus ardents transports.
Des bras de mon perfide arracher une femme,
Est-ce pour assouvir les fureurs de mon âme ?
Que n'a-t-elle déjà des enfants de Jason,
Sur qui plus pleinement venger sa trahison !
Suppléons-y des miens, immolons avec joie
Ceux qu'à me dire adieu Créuse me renvoie.
Nature, je le puis sans violer ta loi :
Ils viennent de sa part et ne sont plus à moi.
Mais ils sont innocents ? aussi l'était mon frère :
Ils sont trop criminels d'avoir Jason pour père,
Il faut que leur trépas redouble son tourment,
Il faut qu'il souffre en père aussi bien qu'en amant. »

Médée, acte V, scène 2 (v. 1327-1340).

Dans *Cinna*, le thème du parricide apparaît à plusieurs niveaux, et les trois personnages principaux de la pièce ont commis ou s'apprêtent à commettre un parricide : lorsqu'il n'était encore qu'Octave, Auguste a fait tuer dans les proscriptions son tuteur Toranius ; Émilie, personnage inventé par

Corneille qui en fait une fille de Toranius, adoptée par Auguste (historiquement, Auguste avait exilé sa fille Julie, dont il était peu satisfait), veut se venger de lui et fomente un complot contre son père adoptif ; Cinna, favorisé par Auguste, est poussé par Émilie à entrer dans le complot qui doit assassiner l'empereur. Auguste et Émilie ont donc accompli ou vont accomplir le meurtre du père, tandis que Cinna s'apprête à accomplir le meurtre du souverain que lui-même désigne comme « parricide » dans ses moments d'hésitations.

Mais le complot est découvert. Voici en quels termes Auguste s'adresse à Émilie, à laquelle il finira d'ailleurs par pardonner :

« **Auguste.** – Jusques à quand, ô ciel, et par quelle raison
Prendrez-vous contre moi des traits dans ma maison ?
Pour ses débordements j'en ai chassé Julie ;
Mon amour en sa place a fait choix d'Émilie,
Et je la vois comme elle indigne de ce rang.
L'une m'ôtait l'honneur, l'autre a soif de mon sang ;
Et prenant toutes deux leur passion pour guide,
L'une fut impudique, et l'autre est parricide.
Ô ma fille ! est-ce là le prix de mes bienfaits ?
Émilie. – Ceux de mon père en vous firent mêmes effets.
Auguste. – Songe avec quel amour j'élevai ta jeunesse.
Émilie. – Il éleva la vôtre avec même tendresse ;
Il fut votre tuteur, et vous son assassin ;
Et vous m'avez au crime enseigné le chemin :
Le mien d'avec le vôtre en ce point seul diffère,
Que votre ambition s'est immolé mon père,
Et qu'un juste courroux dont je me sens brûler,
À mon sang innocent voulait vous immoler. »

Cinna, acte V, scène 2 (v. 1587-1604).

Rodogune présente deux caractères monstrueux de femmes. Cléopâtre, reine de Syrie, propose le trône à celui de ses deux jumeaux, Antiochus ou Séleucus, qui acceptera de tuer Rodogune, princesse des Parthes, dont elle est jalouse, et qui avait séduit son précédent mari. De son côté, Rodogune annonce aux deux frères qu'elle épousera celui des deux qui acceptera de tuer sa propre mère. Le thème du parricide est bien central dans la pièce. La proposition s'exprime dans les termes suivants :

« **Rodogune**. – Tremblez, princes, tremblez au nom de votre père :
Il est mort, et pour moi, par les mains d'une mère.
Je l'avais oublié, sujette à d'autres lois ;
Mais libre, je lui rends enfin ce que je lui dois.
C'est à vous de choisir mon amour ou ma haine.
J'aime les fils du roi, je hais ceux de la reine :
Réglez-vous là-dessus ; et, sans plus me presser,
Voyez auquel des deux vous voulez renoncer.
Il faut prendre parti, mon choix suivra le vôtre :
Je respecte autant l'un que je déteste l'autre.
Mais ce que j'aime en vous du sang de ce grand roi,
S'il n'est digne de lui, n'est pas digne de moi.
Ce sang que vous portez, ce trône qu'il vous laisse,
Valent bien peu pour lui que votre cœur s'intéresse.
Votre gloire le veut, l'amour vous le prescrit.
Qui peut contre elle et lui soulever votre esprit ?
Si vous préférez une mère cruelle,
Soyez cruels, ingrats, parricides comme elle :
Vous devez la punir si vous la condamnez ;
Vous devez l'imiter si vous la soutenez.
Quoi ! cette ardeur s'éteint ! l'un et l'autre soupire !
J'avais su le prévoir, j'avais su le prédire.
Antiochus. – Princesse...
Rodogune. – Il n'est plus temps, le mot en est lâché.
Quand j'ai voulu me taire, en vain je l'ai tâché.
Appelez ce devoir haine, rigueur, colère ;
Pour gagner Rodogune, il faut venger un père ;
Je me donne à ce prix : osez me mériter ;
Et voyez qui de vous daignera m'accepter.
Adieu, princes. »

Rodogune, acte III, scène 4 (v. 1019-1047).

Le thème du parricide, que l'on retrouverait dans bien d'autres pièces, court donc dans l'œuvre de Corneille. On remarquera cependant que si le parricide est bien effectué dans *Médée* et dans *Horace*, il restera ensuite davantage à l'état de projet, puisqu'Émilie et Cinna ne tueront pas Auguste, et qu'Antiochus et Séleucus repousseront, horrifiés, la proposition qui leur est faite. Toutefois, Antiochus n'hésitera pas, après la mort accidentelle de Cléopâtre, à épouser Rodogune, qui lui avait fait une telle proposition. Cette violence contre nature ne cesse donc de hanter l'imaginaire de Corneille.

L'importance des tirades dans *Horace*

La langue classique n'a rien d'un langage naturel ; il est entièrement codé en fonction d'impératifs qui visent la clarté, la bienséance, le vraisemblable et l'effet à produire. Or, si le langage naturel utilise souvent des répliques courtes, la tragédie classique multiplie les longues tirades. Le critique Jacques Scherer a été jusqu'à évoquer « la tyrannie de la tirade ». C'est en particulier le cas dans *Horace*.

La tirade classique est avant tout **liée à l'art oratoire et à la rhétorique**. Si l'on reprend les catégories de Cicéron pour lequel l'orateur cherche à persuader (*suadere*), à émouvoir (*movere*) et à plaire (*placere*), la première fonction de la tirade sera de chercher à **persuader** la personne à qui l'on s'adresse. De nombreuses scènes d'*Horace* répondent à cet effort pour persuader l'autre : c'est par exemple le cas de la scène 3 de l'acte II dans laquelle s'affrontent Horace (qui défend le point de vue de la gloire) et Curiace (qui défend le point de vue de l'humanité). C'est également le cas de la curieuse scène 4 de l'acte III, dans laquelle Sabine et Camille essaient chacune de persuader l'autre qu'elles détiennent la palme du malheur. Mais c'est surtout l'acte V qui répond à cette fonction oratoire, chaque tirade devenant un discours proprement judiciaire : les uns, comme Valère, déploieront leurs talents pour accuser Horace, les autres, comme le vieil Horace ou Sabine, s'efforceront de persuader le roi de l'innocence d'Horace. Les tirades se muent en actes d'accusation et en plaidoyers visant à persuader le pour ou le contre.

L'**émotion** est également un élément de ces discours, lorsque Sabine et le vieil Horace font intervenir l'une ses sentiments pour son mari, l'autre l'intérêt qu'il prend pour le seul survivant parmi ses enfants. L'émotion sera précisément à son comble avec la fameuse tirade dans laquelle Camille laisse sciemment s'exalter sa colère :

« *Rome, l'unique objet de mon ressentiment !*
Rome, à qui vient ton bras d'immoler mon amant !
Rome qui t'a vu naître, et que ton cœur adore !
Rome enfin que je hais parce qu'elle t'honore ! » (v. 1301-1304).

Les moyens techniques utilisés seront ceux de la rhétorique classique, les plus fréquents étant l'opposition, la répétition, l'exclamation ou l'interrogation oratoire, et l'anaphore : ces procédés visent à la fois à persuader et à émouvoir.

Détail des Sabines. Tableau de David, 1799.
Musée du Louvre, Paris.

On distinguera dans *Horace* une deuxième sorte de tirades, qui ne s'apparentent plus à la persuasion ou à l'éloquence judiciaire, mais à la **délibération**. Il s'agit pour un personnage de réfléchir, de peser le pour et le contre dans une situation donnée. Le personnage qui utilise le plus ce genre de tirade est Sabine, personnage entièrement créé par Corneille, personnage bavard qui s'attarde longuement sur les horreurs contradictoires de sa situation. Si certaines tirades délibératives débouchent sur une décision finale, comme c'est le cas dans plusieurs tirades du *Cid* ou de *Cinna*, on remarquera que les tirades de Sabine n'avancent pas : elles se contentent de faire le point, mais sans jamais conclure sur un couronnement dialectique. La figure la plus utilisée par Sabine, comme par Curiace, sera celle de l'antithèse : elle oppose sans cesse les maux d'Albe à ceux de Rome, les malheurs des Curiaces à ceux des Horaces ; mais aucune solution ne vient clore ces méditations qui s'apparentent souvent au monologue, comme si, comme par exemple dans la scène 1 de l'acte I, Sabine s'adressait davantage à elle-même qu'à Julie. On signalera la présence de seulement deux monologues dans *Horace*, relevant tous deux du genre délibératif, le premier étant prononcé par Sabine (III, 1) et n'aboutissant à aucune conclusion véritable ; le deuxième étant prononcé par Camille (IV, 4) et concluant inversement sur la nécessité de provoquer Horace :

« Il vient : préparons-nous à montrer constamment
Ce que doit une amante à la mort d'un amant » (v. 1249-1250).

Un troisième type de tirades est consacré au **récit**. On a pu remarquer que, souvent, les récits se situaient essentiellement au début et à la fin des tragédies ; c'est une affirmation qu'il faut nuancer pour *Horace*. Si, en effet, le premier acte contient plusieurs récits nécessaires à l'exposition, dont le plus remarquable est le long récit de Camille (v. 163-222) à la scène 2 de l'acte I, l'acte final ne contient aucun récit, puisque l'action se passe en direct sur la scène. Une des fonctions essentielles du récit est, en effet, de raconter une action qui, pour des raisons de bienséance et pour préserver l'unité de lieu, ne peut se dérouler sur la scène classique. C'est pourquoi, dans *Horace*, nous avons au centre de la pièce le récit du combat des Horaces et des Curiaces qui ne saurait se dérouler sur scène : nous ne sommes pas chez Shakespeare ! Ce récit est tout à fait remarquable par sa distribution entre deux scènes et deux actes qui renforce l'intérêt et le suspense : si, à la scène 6 de l'acte III, nous n'avons pas véritablement de tirade, Corneille s'est inversement efforcé, dans la scène 2 de l'acte IV, d'écrire une tirade et un récit parfaits ; reprenant le récit de Tite-Live, il opère un travail de réécriture qui multiplie les effets rhétoriques et veut donner l'impression de vie à travers de nombreux verbes d'action employés au présent, ou l'introduction du style direct avec quelques paroles d'Horace : par sa vie et ses effets, le récit de Valère est un modèle du genre. Ces récits étaient très prisés des spectateurs du XVIIᵉ siècle, qui y trouvaient l'information nécessaire à la poursuite de la pièce, ainsi qu'un effort d'ornementation qui venait enrichir le caractère parfois austère de certaines scènes.

La tirade est donc omniprésente dans *Horace* ; elle est marquée du sceau de la rhétorique et répond à des fonctions extrêmement variées, selon qu'elle sert davantage l'éloquence, la délibération ou le récit.

Principales mises en scène ou adaptations

Horace a commencé sa carrière en représentation privée devant le cardinal de Richelieu, puis en représentation publique au théâtre du Marais, en 1640. Cependant, à partir de *Rodogune,* Corneille fait jouer ses pièces à l'Hôtel de Bourgogne, qui inscrit *Horace* à son répertoire. Dans les années 1660, Corneille se rapproche de Molière, les deux acteurs faisant front contre Racine, qui s'appuie alors sur l'Hôtel de Bourgogne, et *Horace* est joué par la troupe de Molière. Dans les années 1680-1715, *Horace* connaît un succès solide, inférieur cependant à celui du *Cid* ou à celui de *Cinna* : pendant cette période, *Le Cid* est interprété 242 fois, *Cinna* 166 fois, et *Horace* 145 fois. On notera que, dans le même temps, *Phèdre* est interprétée 242 fois, et *Andromaque* 221 fois.

Le XVIIIe siècle voit un fléchissement dans les représentations d'*Horace,* comme en témoignent les remarques de Voltaire, qui, dans ses *Commentaires sur Corneille*, se montre admiratif pour la structure et l'économie de la pièce, mais critique dans les moindres détails, ne pouvant se défaire d'une préférence très marquée pour Racine. On trouvera un écho de ce mélange d'admiration et de critique dans les lignes suivantes : « Mais observez surtout que les beaux vers de Corneille nous enseignèrent à discerner les mauvais. Le goût du public se forma insensiblement par la comparaison des beautés et des défauts. On désapprouve aujourd'hui cet amas de sentences, ces idées générales retournées en tant de manières, l'ébranlement qui sied aux *fermes* courages, l'esprit le *plus* mâle, le *moins abattu* ; c'est l'auteur qui parle, et c'est le personnage qui doit parler » (*Commentaires sur Corneille ; les Horaces*).

De 1720 à 1800, *Horace* est joué 122 fois, ce qui représente donc un fléchissement par rapport à la période précédente ; cependant, de grands acteurs interprètent les rôles principaux de la pièce, comme Lekain le rôle d'Horace, la Raucourt celui de Camille, ou la Dumesnil celui de Sabine. Il est à noter que tous ces acteurs sont mentionnés par Diderot dans le *Paradoxe sur le comédien,* et qu'une actrice sensible et passionnée comme la Dumesnil devait donner toute sa dimension au personnage de Sabine.

La fin du XVIIIᵉ siècle retrouve, avec la Révolution, le goût de l'Antiquité romaine, comme on peut le constater dans les tableaux à sujet romain du peintre David. Le contexte de la patrie en danger, les guerres de Napoléon redonnent à la pièce une actualité nouvelle. Napoléon est passionné par Corneille et apprécie particulièrement *Cinna* et *Horace*. De fait, *Horace* sera joué 110 fois de 1801 à 1820. Le grand acteur Talma, sociétaire à la Comédie-Française de 1789 à 1826, et adulé par le public comme par l'empereur, trouve dans Horace un de ses rôles de prédilection.

Le mouvement romantique détourne quelque peu les esprits du théâtre de Corneille, qui poursuit une carrière médiocre à la Comédie-Française. De 1821 à 1830, *Horace* n'est interprété que 28 fois. Une actrice vient cependant redonner un éclat inégalé au rôle de Camille : il s'agit de Rachel, qui débuta à la Comédie-Française en 1838, et y fut sociétaire de 1842 à 1849. Rachel eut le grand mérite de ramener à la Comédie-Française une foule qui l'avait désertée pour les théâtres des boulevards. Nous possédons encore un magnifique tableau d'Édouard Dubufe représentant Rachel dans le rôle de Camille, visible à la Comédie-Française. De santé fragile, mais passionnée, Rachel n'hésitait pas à jouer de sa propre faiblesse pour tomber inanimée sur scène au moment où Camille apprend la mort de Curiace, à l'acte IV.

Après une période de somnolence, *Horace* redevient d'actualité avec la guerre de 1870. On remarque constamment le lien existant entre la pièce et les périodes de guerre et de crise. On peut voir ainsi à la Comédie-Française une affiche, datant du 6 août 1870, pour une représentation donnée au bénéfice de la caisse des souscriptions patriotiques : dans le programme figurent des extraits d'*Horace*. Paul Mounet trouve dans le personnage d'Horace un de ses grands rôles, et n'hésite pas à établir un parallèle entre la victoire de Rome et la « libération » souhaitée de l'Alsace-Lorraine.

On retrouve le lien d'*Horace* avec la guerre quand, après quatre mois de fermeture, la Comédie-Française rouvre ses portes le 6 décembre 1914 pour une matinée donnée au profit du Secours national, avec, au programme, *La Marseillaise* et, bien entendu, *Horace*. En 1936, *Horace* connaît une reprise somptueuse : des changements de décors pour aérer la pièce, des costumes brillants, la volonté du metteur en scène, Émile Fabre, de mettre l'accent sur le caractère humain des personnages rajeunissent la pièce.

Cependant, après la Seconde Guerre mondiale, certains critiques établissent un lien entre l'obéissance aveugle d'Horace à la patrie et le fanatisme nazi ; d'où une suspicion portée à l'égard de la pièce, qui connaît une certaine désaffection. La mise en scène d'*Horace* par la Comédie-Française en mars 1954 suscitera des commentaires très contradictoires : si, dans *Le Monde*, Robert Kemp enterre la pièce avec cette remarque : « Corneille paraît contemporain du dinosaure », d'autres y voient une pièce d'actualité, opposant le « SS » ou le « stalinien » Horace à l'« Européen » et au « démocrate » Curiace. Quant au metteur en scène Jean-Pierre Miquel, il évoque un autre son de cloche dans sa Préface à *Horace* (Le Livre de Poche) :

« J'avais vu la pièce, quand j'étais lycéen, à la Comédie-Française, dans la mise en scène de Debucourt et j'en gardais un souvenir clair et heureux. C'était un dimanche en matinée, et je me souviens très bien du décor de plein air de Wakhévitch et des rappels nombreux qui saluaient Jean Yonnel dans le vieil Horace, Paul-Émile Deiber dans Horace, Thérèse Marney dans Camille, Denise Noël dans Sabine, André Falcon dans Curiace. Un vrai triomphe. »

Il faudra cependant attendre les années soixante pour que des mises en scène plus audacieuses se fassent l'écho des nouvelles productions de la critique cornélienne, illustrées en particulier par Louis Herland (*Corneille par lui-même*, 1948), Octave Nadal (*Le Sentiment de l'amour dans l'œuvre de Pierre Corneille*, 1948), et bientôt Serge Doubrovsky (*Corneille et la dialectique du héros*, 1963), ces deux derniers étant d'obédience marxiste. Le premier à bouleverser radicalement les traditions est Hubert Gignoux, qui, dans ses mises en scène de 1963 et 1969 au T.N.S. de Strasbourg, donne de la pièce une interprétation brechtienne, donc distanciée et marxiste : au lieu de voir dans le personnage d'Horace un héros admirable auquel on pardonne la faute d'avoir tué sa sœur, Gignoux renverse la perspective et montre en Horace un personnage conditionné par une société impitoyable et victime d'une idéologie guerrière ; les allusions au nazisme et à la guerre d'Algérie sont manifestes, et la mise en scène devient plaidoyer antimilitariste. Une telle vision est certainement aux antipodes des intentions de Corneille, mais peut apporter un éclairage nouveau, une mise en perspective de l'idéologie cornélienne que nul, jusqu'alors, n'avait songé à contester.

Une deuxième mise en scène radicalement différente retiendra l'attention : il s'agit de celle de Jean-Pierre Miquel à la Comédie-Française, en 1971, avec une reprise en 1975. Le metteur en scène s'est efforcé de réhabiliter Horace et d'en montrer la dimension humaine ; il s'en est clairement expliqué : « Il fallait faire jouer Horace à un acteur capable de donner une dimension spirituelle, presque mystique, au personnage. » François Beaulieu incarne cet Horace à visage humain et se situe à l'opposé des interprétations qui voulaient en faire un nazi. Michel Etcheverry donne du vieil Horace une image saisissante, dans sa raideur de vieil homme tempérée par ses sentiments de père ; quant à Ludmilla Mikaël, elle rend admirablement le jeu de Camille à la scène 5 de l'acte IV : tournant autour d'Horace, elle lance ses imprécations calculées, enfle progressivement le ton, au point de faire comprendre au spectateur la logique du meurtre. Les décors et les costumes, jouant à la fois sur l'antique et le classique visent à donner une vision universelle de la pièce. Une telle interprétation a le mérite d'éclairer les différentes facettes du caractère d'Horace, mais peut-être le tort, aux yeux du spectateur, d'imposer une vision plus terne et affadie du personnage : on perd en héroïsme et en panache ce que l'on gagne en humanité.

On citera encore les mises en scène de Marcelle Tassencourt, en 1963 au Théâtre Sarah-Bernhardt et en 1986 au Festival de Versailles, en association avec Thierry Maulnier, qui s'efforçaient également d'insister sur le caractère humain des personnages. La mise en scène de Brigitte Jaques, en 1989, au Théâtre national de Chaillot, fait de Camille l'héroïne principale de la pièce, victime de la violence d'une société étatique qu'elle refuse.

Les interprétations des quarante dernières années rompent donc avec une tradition qui faisait d'*Horace* une pièce militariste. Elles s'efforcent de démystifier les rapports de la pièce avec la guerre et d'en donner une interprétation soit humaine, soit ouvertement antimilitariste.

Jugements et critiques

Civisme et liberté

P. Lecoq, dans un article récent, souligne à la fois la distance qui nous sépare d'*Horace* et son actualité pour qui veut réfléchir aux problèmes de notre temps.

« *Horace* est apparemment une des pièces les plus refroidies qui se puissent trouver. Pour paraphraser Beaumarchais, que nous font, pourrait-on dire, les intérêts d'Albe et de Rome, l'histoire d'un forcené, la tendresse et les imprécations de Camille ? Est-il rien de plus étranger à la vie d'un contemporain des centrales atomiques, de l'Airbus et des sondes spatiales ? À s'en tenir aux données du sujet, à l'ancienneté du langage, l'objection paraît sans réplique. Et pourtant, *Horace* n'est-elle pas une œuvre où s'affrontent deux conceptions du bonheur, que notre siècle a vu maintes fois s'opposer, celle qui se fonde sur une identification totale de l'individu à la nation, à l'État ou à son idéologie, et celle qui revendique comme imprescriptibles les droits de la personne. Belle occasion d'ouvrir, à l'écart des passions, une méditation sur les rapports du civisme et de la liberté. »

P. Lecoq, *L'Information littéraire*, n° 5, les Belles Lettres, 1988.

Un sens du devoir à la mesure des personnages

• De Rodrigue à Horace

Entre *Le Cid* et *Horace,* plusieurs critiques décèlent l'évolution et la maturation du héros cornélien, essentiellement à travers son rapport à la « chose publique ». « Rodrigue sacrifiait à l'honneur, Horace sacrifie à l'État » (M. Prigent, *Le Héros et l'État dans la tragédie de Pierre Corneille*, P.U.F., 1986).

« Ce qu'Horace découvre et tente de faire comprendre à Curiace, c'est qu'un Maître véritable ne saurait se contenter d'être *unus inter pares*, mais qu'il lui faut, sous peine de trahir sa vocation, être *primus inter pares*. Il s'agit de se faire reconnaître comme supérieur au sein même de la classe supérieure, de remplacer la "vertu ordinaire" par une vertu extraordinaire, en un mot, d'affirmer une constance au second degré. Là où Rodrigue avait cru que la répétition et l'agrandissement indéfinis des exploits suffisent à fonder un héroïsme total, Horace s'aperçoit que l'important, en la matière, n'est pas la quantité des actes multiples ("Paraissez, Navarrais, Mores et Castillans…"), mais la qualité d'un acte, au besoin, unique. Et c'est ainsi qu'il va être amené à formuler, en cette langue lapidaire qui correspond aux moments de vérité les plus intenses, après le "Meurs ou tue" de don Diègue, un second axiome complémentaire de l'éthique des Maîtres :
" Mais vouloir au public immoler ce qu'on aime […]
Une telle vertu n'appartenait qu'à nous " (v. 443-449).
Une nouvelle et plus haute "vertu" se propose ainsi à la conscience héroïque, un pic plus élevé à gravir. »

Serge Doubrovsky,
Corneille et la dialectique du héros, © Éditions Gallimard, 1963.

• Curiace, préfiguration d'un héros moderne ?

Horace est le véritable héros de la pièce à laquelle il donne son nom. Cependant, la sensibilité des lecteurs du XXe siècle s'est souvent reconnue en Curiace.

« Curiace est le combattant qui ne croit pas aux motifs de la guerre du droit, et qui fait son devoir de soldat, et qui meurt, sans qu'il ait réussi à faire naître en lui le partisan [...] Mais il réclame le droit de garder ses sentiments pour lui. C'est une figure étrangement neuve dans notre théâtre et dans notre histoire. Parce qu'on l'a désigné sans qu'il ait été consulté, et qu'il garde pourtant son courage, il est le héros des petites affiches blanches à drapeaux croisés, il est le Soldat inconnu qui veut mourir sans être dupe. Ce n'est pas un volontaire, c'est un mobilisé. »

Robert Brasillach, Corneille, Fayard, 1938.

• Sabine, une femme déchirée…

« Sabine [...] reste fidèle à l'idéal civique et patriotique ; là-dessus, elle n'est point indécise. Mais les conditions de l'existence ne lui permettent pas d'accorder cet idéal avec lui-même, ni l'amour fraternel avec l'amour conjugal [...].

Sabine est à la fois femme d'Horace et sœur des Curiaces ; son amour pour Horace voudrait s'exercer dans le sens de l'idéal romain, les tendresses du sang dans celui de l'idéal albain. Les idéaux sont identiques dans leurs principes, mais opposés dans leurs effets… Une double fatalité, d'ordre sentimental et d'ordre social, impose à Sabine des mouvements inconciliables. »

Octave Nadal, Le Sentiment de l'amour
dans l'œuvre de Pierre Corneille, © Éditions Gallimard, 1948.

• Camille : un être de chair ou de glace ?

Voici deux opinions radicalement opposées émises sur Camille à un an d'intervalle.

« Camille est la seule femme de Corneille qui soit enragée de passion, et qui sacrifie délibérément son devoir à son amour. Il la fallait telle pour que son frère pût la frapper sans être tout à fait odieux. Heureuse nécessité ! seule de tout ce théâtre, Camille semble une femme de Racine, non certes par sa langue, mais par son intime complexion. C'est une créature de nerfs et de chair fourvoyée dans une famille de héros. »

Jules Lemaître, « Corneille »,
dans Littérature française de Petit de Julleville, 1897.

« Parce que Camille s'estime obligée de préférer son amour à toute chose, elle veut gâter la victoire de son frère qui lui a tué son amant ; sa malédiction sur Rome n'éclate point comme l'explosion involontaire d'une âme trop pleine : c'est une démarche calculée, à laquelle elle s'est mûrement excitée. Ce n'est point une folle douleur, mais une "vendetta" froide. »

Gustave Lanson, *Corneille*, 1898.

Le meurtre de Camille

Le meurtre de Camille est considéré le plus souvent aujourd'hui comme le sommet de la pièce. Il a pourtant suscité certaines résistances à la suite des premières représentations, notamment de la part d'un des plus célèbres théoriciens de l'époque.

« La mort de Camille par la main d'Horace, son frère, n'a pas été approuvée au théâtre, bien que ce soit une aventure véritable, et j'avais été d'avis pour sauver en quelque sorte l'histoire et tout ensemble la bienséance de la scène, que cette fille désespérée, voyant son frère l'épée à la main, se fût précipitée dessus ; ainsi elle fût morte de la main d'Horace, et lui eût été digne de compassion comme un malheureux innocent ; l'histoire et le théâtre auraient été d'accord. »

Abbé d'Aubignac, *Pratique du théâtre*, 1657.

Le Ve acte

Corneille n'a pas hésité à juger sévèrement l'acte V de sa pièce dans l'*Examen d'Horace* : « [Il] est encore une des causes du peu de satisfaction que laisse cette tragédie... » Mais la critique du XXᵉ siècle est plus sensible à la portée politique de cet acte.

« Sur ces mots qui terminent la pièce [v. 1779-1782], toutes les valeurs se trouvent désormais en place dans un savant équilibre. Entre les deux éthiques rivales, qui risquaient de diviser le projet aristocratique sans retour, Tulle rend le jugement de Dieu : le moi héroïque vivra, et sa solitude tragique, insurmontable sur le plan de l'être, servira, sur le plan de l'action. Les énergies héroïques, dispersées dans l'exploit individuel, seront rassemblées et perpétuées non dans l'immortalité d'une âme ou d'un nom, mais d'un régime. [...]

Ainsi *Horace* s'achève, après les sursauts et les tourments de la démesure héroïque, sur le triomphe et les promesses de l'équilibre royal. »

Serge Doubrovsky, *op. cit.*

Unité ou duplicité d'action ?

Contrairement aux critiques du XVIIᵉ qui reprochaient à la pièce sa duplicité d'action, de nombreux critiques contemporains, comme par exemple Serge Doubrovsky, y trouvent une action unique. Ce point de vue est contesté par la récente thèse de Georges Forestier.

« Si Horace présente une duplicité d'action, c'est donc parce que Corneille a cru trouver chez Tite-Live un modèle tragique parfaitement aristotélicien, sans voir qu'il recélait un défaut majeur – c'était une qualité pour lui au moment de ce choix –, l'enchaînement d'un sujet de tragi-comédie (l'assomption épique d'un guerrier au statut de héros, qui était justement la matière de la totalité du *Cid*) et d'un sujet de tragédie (la faute du héros qui le fait chuter). Un principe de composition plus classique, comme le début *in medias res*, en lui permettant de commencer sa tragédie au moment où Horace est déjà sorti victorieux de la lice où il a rencontré les Curiaces, lui aurait évité ce défaut en lui permettant de réaliser une stricte tragédie. Certes, le sujet ne l'aurait pas supporté, et d'ailleurs Corneille ne l'aurait pas choisi puisqu'il est clair qu'il voulait montrer à la fois l'exploit (et les sacrifices qu'il supposait) et la chute. »

Georges Forestier, *Essai de génétique théâtrale*, 1996.

Documents : les lieux de l'action

La Rome primitive

La légende

Suivant la tradition, le Troyen Énée, survivant à l'anéantissement de sa ville par les Grecs, serait parvenu en Italie, à l'embouchure du Tibre. Là, il aurait noué des contacts amicaux avec le roi Latinus, dont il aurait épousé la fille, Lavinia. Selon Virgile (poète latin, 70-19 av. J.-C.) et Tite-Live (historien latin, 59 av. J.-C.-16 apr. J.-C.), Énée fonde alors la ville de Lavinium, ainsi nommée en honneur de son épouse. Quelque temps plus tard, le fils d'Énée, Iule (ou Ascagne), qui a succédé à son père, va fonder, non loin de là, la ville d'Albe (aujourd'hui Castel Gandolfo). Douze rois albains (qui semblent n'avoir été inventés que pour combler le vide chronologique entre la guerre de Troie et la fondation de Rome) se succèdent alors jusqu'à Numitor.

• *Remus et Romulus, fondateurs mythiques*

Numitor, héritier légitime du trône, est cependant déposé par son frère Amulius, qui, pour assurer son pouvoir, fait massacrer ses neveux et oblige sa nièce, Rhéa Silvia, à devenir vestale, ce qui la contraignait à rester vierge. Mais, à la suite de circonstances mal définies (une intervention du dieu Mars !), Rhéa Silvia met au monde des jumeaux, Romulus et Remus.

Les deux nouveau-nés sont alors abandonnés sur les eaux du Tibre, miraculeusement sauvés et allaités par une louve, avant d'être recueillis par des bergers. Après avoir rétabli leur grand-père Numitor sur le trône d'Albe, les jumeaux vont fonder, à l'endroit où ils avaient été recueillis, une nouvelle ville. Selon le rite étrusque, Romulus trace un sillon sacré autour de la ville ainsi fondée ; Remus, qui franchit cette limite par bravade, est alors tué par Romulus, qui nomme la ville Roma, rappel de son propre nom (753 av. J.-C.).

• *L'enlèvement des Sabines et la croissance de Rome*

Le règne de Romulus est dominé par une longue suite de batailles, les peuples des environs supportant assez mal leurs nouveaux et turbulents voisins. C'est sous ce règne que se situe le célèbre épisode de l'enlèvement des Sabines.

Selon l'habitude des fondateurs de villes, Romulus avait rassemblé autour de sa personne un certain nombre d'aventuriers et de « marginaux ». Mais ils manquaient de femmes pour perpétuer l'existence de leur ville, et personne, parmi leurs voisins, n'acceptait de donner ses filles à de tels individus. C'est pourquoi, lors d'une fête religieuse spécialement organisée pour la circonstance, les Romains enlevèrent les jeunes Sabines.

On dit que les ravisseurs s'attachèrent rapidement l'affection de leurs captives par leurs égards ; et, lorsque les Sabins vinrent livrer bataille aux Romains pour reprendre leurs filles, celles-ci se jetèrent au milieu des combattants en suppliant leurs pères et leurs maris de ne pas s'entre-tuer (intervention à rapprocher du discours du dictateur albain dans *Horace*, acte I, scène 3, vers 285-315). Les deux peuples se réconcilièrent alors et Romulus associa un Sabin, Titus Tatius, à l'exercice de la royauté.

À Romulus succède Numa Pompilius, dont la piété est la caractéristique principale. Sous son règne (715 à 672 av. J.-C.), auraient été fixées les grandes lignes de la religion romaine. Pour donner plus de poids à ses décisions, il prétendait qu'elles lui étaient inspirées par la nymphe Égérie, nom qui désigne encore aujourd'hui la conseillère ou l'inspiratrice d'un homme.

À sa mort, il laisse à Tullus Hostilius, son successeur, une Rome encore bien modeste, mais fortifiée par quarante ans de paix et de sages réformes.

La réalité historique

• *Les découvertes archéologiques*

Virgile et surtout Tite-Live ne croyaient déjà plus guère à ces légendes ; pourtant, la science historique moderne vient confirmer, de troublante manière, certains éléments de la légende, et notamment la datation traditionnelle.

Les fouilles archéologiques entreprises peu après 1900 sur le Forum romain ont permis de dater du VIIIᵉ siècle avant notre ère les premières traces d'occupation du site de Rome. On a en effet retrouvé des urnes funéraires en forme de cabanes, semblables à celles qui furent exhumées de la nécropole (cimetière antique) d'Albe, sans doute plus ancienne de quelques décennies. Par ailleurs, à proximité du Forum, sur la colline du Palatin, on a identifié des « fonds de cabanes ». Ces traces archéologiques et la forme des urnes funéraires, reproduction de l'habitat des vivants, donnent une assez bonne idée de cet habitat primitif.

La date proposée pour la fondation de Rome semble donc corroborée par les méthodes modernes de datation ; des liens privilégiés de la nouvelle cité avec Albe n'ont rien d'impossible ; il paraît également plausible qu'un des premiers sites occupés ait été le Palatin, comme le veut la tradition. En revanche, il est certain qu'on ne peut parler de ville à l'époque de Romulus, et pas plus sous le règne de Tullus Hostilius ; les « remparts » auxquels Julie fait allusion (vers 1002) sont parfaitement anachroniques ! Jusqu'en 600 av. J.-C., Rome n'a été qu'un groupement de cabanes habitées par des bergers.

• *L'influence étrusque*

À ses débuts, rien ne prédestinait Rome, située dans une plaine côtière humide de 2 000 kilomètres carrés à peine, le Latium (moins de la moitié d'un département français !), à un avenir aussi glorieux. Au sein du peuple latin, des villes comme Fidènes, Tusculum, Albe elle-même étaient à la fois plus anciennes, plus prestigieuses et plus importantes que Rome. Les tribus sabines, nombreuses et belliqueuses, semblaient devoir submerger la petite bourgade. Surtout, la prestigieuse civilisation étrusque, dont le berceau se trouvait sur la rive droite du Tibre, mais dont l'influence s'étendait fort loin au sud, éclipsait complètement ce rassemblement de huttes primitives blotties sur quelques collines au bord du Tibre.

En réalité, l'existence, à ses portes, de la grande civilisation étrusque a sans doute constitué une chance pour Rome. En effet, la ville nouvellement fondée se situe à un point stratégique important pour les Étrusques, au passage du Tibre sur la route qui va du nord au sud. C'est surtout à son rôle stratégique que la ville doit son développement initial, la colline du Palatin constituant, à cet égard, une citadelle idéale pour verrouiller le passage du fleuve.

Par chance pour Rome, ni les Latins, ni les Sabins, ni les Étrusques n'avaient de réelle unité politique et militaire, et Rome put ainsi les soumettre successivement, cité après cité, non sans subir très profondément l'influence étrusque. La religion romaine, et notamment les pratiques divinatoires, s'inspirent nettement de l'héritage étrusque. Celui-ci reste également visible dans les domaines linguistique (l'alphabet romain vient de l'étrusque) et artistique.

Le règne de Tullus Hostilius et le combat des Horaces et des Curiaces

Tullus Hostilius, le troisième roi de Rome (672-640 av. J.-C.), prend donc la tête d'une communauté organisée certes, mais encore bien primitive. Ce chef de clan a peu à voir avec la figure de Tulle, décrit par Corneille comme un monarque absolu de droit divin, régnant sur un peuple hiérarchisé et policé de « chevaliers » et de « dames » romaines. Contrairement à Numa, Tullus Hostilius se montre d'un caractère violent et guerrier. Et, lorsque des paysans romains allèrent chaparder en territoire albain et réciproquement, le roi fut tout heureux d'avoir trouvé son *casus belli* (motif de guerre). Car c'est cela, le Latium primitif : des paysans qui se battent pour quelques hectares, quelques femmes ou quelques bœufs.

La guerre se réduisit en fait au combat des Horaces et des Curiaces (voir les extraits de Tite-Live, p. 28-29, la principale source pour cet épisode de l'histoire romaine). La ville d'Albe fut rasée et ses habitants transportés à Rome. Quant à Tullus Hostilius (décidément bien éloigné du sage et pieux Tulle de Corneille !), après une vie passée à guerroyer, il périt foudroyé par Jupiter pour son impiété !

D'une banale querelle entre villageois le génie narratif de Tite-Live a fait une épopée ; de ce récit épique le génie dramatique de Corneille a fait la première grande tragédie classique du théâtre français. Miracles de l'art !...

Le vocabulaire cornélien dans *Horace*

Amant(e)
Qui aime et est aimé(e) en retour.

Amitié
Affection profonde, amour.

Amoureux
Qui aime, mais n'est pas aimé en retour.

Art
Artifice, séduction artificieuse (péjoratif).

Brutal
Qui rappelle la bête sauvage, bestial.

Charme
Sortilège.

Charmer
Influencer comme par magie, ensorceler, envoûter (sens très fort).

Cœur
Courage.

Commettre
Confier.

Constance
Fermeté morale.

Courage
Cœur, force d'âme.

Déplaisirs
Violents chagrins, souffrances morales.

Embrasser
1. Entourer de ses bras. 2. Adopter (un point de vue, une cause, etc.).

Ennui
Tourment, désespoir, contrariété (sens fort).

Envier
Refuser (par jalousie).

Étonner
Ébranler, frapper de stupéfaction (comme par un coup de tonnerre).

Fâcher
Affliger ou indigner (sens fort).

Feux
Amour, ardeur de la passion (vocabulaire galant).

Flamme
Amour, passion (vocabulaire galant).

Flatter
1. Apaiser, adoucir. 2. Tromper (par des amabilités, des caresses), leurrer.

Foi
Fidélité (en amour).

Funeste
Qui apporte désastre et mort.

Fureur
Ardeur incontrôlable.

Généreux
Qui a une âme noble, du courage.

Générosité
Noblesse, grandeur d'âme.

Gloire
1. À l'égard d'autrui : réputation née du mérite. 2. Vis-à-vis de soi-même : haute idée que le héros a de lui-même, qui lui interdit tout acte contraire à l'honneur.

Heur
Bonheur.

Honneur
1. Sentiment incitant à conserver la considération de soi-même et des autres (pour son courage, sa vertu, etc.). L'honneur pousse à des actions héroïques et interdit toute bassesse. 2. Marque extérieure d'estime envers quelqu'un de courageux, de vertueux.

Hymen, hyménée
Mariage.

Infâme
Déshonoré.

Infamie
Déshonneur.

Ingrat
Dans le langage galant, personne qui ne mérite pas d'être aimée.

Mélancolie
Humeur sombre, désespoir profond.

Misère
Malheur.

Nœud
Lien de l'amour ou du mariage (vocabulaire galant).

Objet
1. Personne aimée (vocabulaire galant). 2. Idée ou spectacle se présentant aux yeux ou à l'esprit. 3. Cause, motif.

Parricide
1. Crime contre un membre de sa famille, par extension, tout crime particulièrement horrible. 2. L'auteur de ce crime.

Perfide
Infidèle, qui ne respecte pas sa parole.

Prudence
Sagesse.

Querelle
Cause, parti, intérêts (sens juridique vieilli).

Rigueur(s)
Dureté (du sort) ; au pluriel : marques de froideur en matière sentimentale.

Sang
1. Famille, origine, ancêtres. 2. Vie. 3. Sang qui coule.

Sexe
Le sexe féminin, l'ensemble des femmes.

Soins
Soucis (notamment ceux de l'amour), préoccupations.

Souffrir
Supporter, tolérer.

Succès
Résultat (heureux ou malheureux).

Supplice
Exécution, mort.

Transports
Manifestations extérieures d'une violente passion.

Triste
Lugubre, sinistre (sens fort).

Vertu(s)
1. Vaillance et énergie morale. 2. Au pluriel : qualités morales.

Compléments notionnels

Acte *(nom masc.)*
Une tragédie classique comporte cinq grandes divisions appelées « actes », chacun étant terminé par un baisser de rideau. Chez Corneille, un acte comprend environ cinq cents vers. Une contrainte technique est sans doute à l'origine de ce découpage : on devait en effet changer périodiquement les chandelles éclairant la scène.

Allégorie *(nom fém.)*
Représentation d'une idée ou d'une abstraction par un personnage, souvent mythique ou divin :
« Oui, je lui ferai voir, par d'infaillibles marques,
Qu'un véritable amour brave la main des Parques. »
(v. 1195-1196)
Les Parques, déesses mythologiques, sont une allégorie de la mort.

Alliance de mots *(*ou oxymoron, *nom masc.)*
Rapprochement de deux termes de sens opposés, pour provoquer un effet de surprise et de contraste. Étymologiquement, « oxymoron » signifie « alliance du piquant *(oxys)* et du fade *(moron)* ».
« Iras-tu, Curiace, et ce funeste Honneur… » (v. 533)

Anaphore *(nom fém.)*
Reprise d'un même mot en tête de phrase (ou de vers) pour créer un effet de rythme et de symétrie :
« Rome, l'unique objet de mon ressentiment !
Rome, à qui vient ton bras d'immoler mon amant !
Rome qui t'a vu naître, et que ton cœur adore !
Rome enfin que je hais parce qu'elle t'honore ! »
(v. 1301-1304)

Antiphrase *(nom fém.)*
Emploi d'un mot ou d'une expression dans un sens contraire au sens véritable, souvent par ironie :
« Ce grand et rare exploit d'un bras victorieux. »(v. 1514)
Dans l'esprit de Valère, le meurtre de Camille par Horace est exactement le contraire d'un exploit.

Antithèse *(nom fém.)*
Rapprochement de deux idées ou de deux faits de sens opposés, pour mieux en souligner le contraste.
« Et, nous faisant amants, il nous fit ennemis. » (v. 178)

Apostrophe *(nom fém.)*
Interpellation directe d'une personne ou d'une abstraction personnifiée comme ici :
« Albe, où j'ai commencé de respirer le jour,
Albe, mon cher pays et mon premier amour. » (v. 29-30)

Bienséance *(nom fém.)*
Désigne ce qui est correct ou convenable en société ; la règle des bienséances du théâtre classique interdisait de mettre en scène tout acte violent, vulgaire ou choquant (c'est pourquoi Horace tue sa sœur derrière la scène).

Chiasme *(nom masc.)*
Dans deux expressions mises en parallèle, reprise, dans la seconde expression, des termes de la première mais dans l'ordre inverse (« chiasme » signifie étymologiquement « croisement ») :
« Je soupirais pour vous en combattant pour elle ;
Et s'il fallait encor que l'on en vînt aux coups,
Je combattrais pour elle en soupirant pour vous. » (v. 268-270)

Comparaison *(nom fém.)*
Image explicative introduite par « comme », « tel », « ainsi », etc. :
« Tu ne revois en moi qu'une amante offensée,
Qui, comme une furie, attachée à tes pas… » (v. 1284-1285)

Confident(e)
Personnage de second rang auquel les personnages principaux confient leurs pensées et leurs sentiments, afin d'en informer, à travers eux, les spectateurs de la pièce. Julie est la confidente de Sabine et Camille (I, 1 et 2).

Coup de théâtre
Brusque rebondissement de l'action, qui donne à la pièce une direction contraire à celle qu'on pouvait prévoir.

Dénouement *(nom masc.)*
Fin de la pièce, où les conflits qu'elle met en scène trouvent leur solution. Le cinquième acte d'une tragédie classique est celui du dénouement.

Dramatique *(adj.)*
Qui fait progresser l'action (« drame » signifie étymologiquement « action »).

Épique *(adj.)*
Qui retrace, en vers, une action héroïque.

Euphémisme *(nom masc.)*
Expression atténuée d'une idée désagréable, effrayante ou choquante, sans employer de termes trop brutaux :
« Non, non, avant ce coup Sabine aura vécu. » (v. 654)
« Aura vécu » signifie ici « sera morte ».

Exclamation *(nom fém.)*
Expression spontanée, brutale, parfois désordonnée, d'une émotion (ex. : v. 110).
« Ah ! que je crains, Julie, un changement si prompt ! »

Exposition *(nom fém.)*
Présentation des personnages et de la situation de départ d'une pièce de théâtre. L'acte premier d'une tragédie classique est celui de l'exposition.

Galant (vocabulaire)
Mots ou expressions conventionnels empruntés aux romans sentimentaux, et traitant du domaine amoureux (les « chaînes » de l'amour, la « flamme », etc.).

Gradation *(nom fém.)*
Énumération qui présente les idées par ordre d'importance croissante :
« Ce crime quoique grand, énorme, inexcusable… » (v. 1740)

Héros, héroïne
Personnage qui, par ses exploits et sa vertu, suscite l'admiration. Chez Corneille, le héros est confronté à des problèmes tragiques, qu'il parvient à résoudre et à dépasser au prix de lourds sacrifices.

Hyperbole *(nom fém.)*
Mise en relief d'une idée, en la grossissant exagérément :
« Mille de ses enfants beaucoup plus dignes d'elle
Pouvaient bien mieux que nous soutenir sa querelle. »(v. 375-376)

Interrogation oratoire
Question posée sans qu'on attende une réponse, et qui équivaut, selon les cas, à une affirmation ou à une négation renforcées. Ainsi, s'adressant à Rome, Sabine s'écrie :
« Quand je vois de tes murs leur armée et la nôtre,
Mes trois frères dans l'une, et mon mari dans l'autre,
Puis-je former des vœux, et sans impiété
Importuner le ciel pour ta félicité ? » (v. 35-38)
Cette question équivaut à une négation forte : Sabine ne peut absolument pas souhaiter le succès de Rome sans arrière-pensées.

Interruption *(nom fém.)*
Fait de couper la parole à son interlocuteur pour donner plus de vivacité au dialogue :

CURIACE. « Et comme également en cette extrémité
Je craignais la victoire et la captivité…
CAMILLE. Curiace, il suffit, je devine le reste.

(v. 241-243)

Inversion *(nom fém.)*

Ordre des mots contraire à l'habitude et à la logique grammaticale (par exemple, le complément du nom avant le nom complété) :
« … Il obtint de mon père
que de ses chastes feux je serais le salaire. » (v. 171-172)

Ironie *(nom fém.)*

Manière de se moquer de quelqu'un ou de quelque chose en disant le contraire de ce qu'on veut faire comprendre.

Litote *(nom fém.)*

Atténuation de sa pensée pour faire entendre le plus en disant le moins :
« La victoire entre eux deux n'était pas incertaine. » (v. 1135)
C'est-à-dire : la victoire était absolument sûre.

Métaphore *(nom fém.)*

Image comparant deux termes ou deux idées sans exprimer explicitement la comparaison :
« Tigres, allez combattre, et nous, allons mourir. » (v. 694)
Cette métaphore s'explique par la cruauté morale de Curiace et d'Horace, qui évoque celle des tigres.

Métonymie *(nom fém.)*

Expression d'une chose par une autre, qui a un rapport avec elle ; par exemple, l'effet par la cause, le tout par la partie, l'objet par la matière, etc. :
« … Considère
Que tu portes le fer dans le sein de ta mère. » (v. 56)
Le fer pour le poignard (la matière pour l'objet).
« … Qu'un bel œil est fort avec un tel secours ! » (v. 578)
« Bel œil » désigne un beau visage et même une belle personne (la partie pour le tout).

Monologue *(nom masc.)*

Long discours (souvent une scène entière) qu'un personnage se tient à lui-même. Exemple : acte III, sc. 1.

Parallélisme *(nom masc.)*

Reprise, dans des expressions successives, et dans le même ordre, de termes ou d'idées comparables entre eux :
« Ce jour nous fut propice et funeste à la fois :
Unissant nos maisons, il désunit nos rois ;
Un même instant conclut notre hymen et la guerre… » (v. 173-175)
Dans chaque vers, le premier terme évoque le bonheur, et le second le malheur de la guerre.

Pathétique *(adj.)*

Se dit d'un personnage ou d'une

situation éveillant des émotions violentes, notamment la pitié, chez le spectateur.

Péripétie *(nom fém.)*
Événement imprévu. Les diverses péripéties se produisant dans une pièce amènent à la conclusion.

Périphrase *(nom fém.)*
Expression d'une notion par un groupe de plusieurs mots, alors qu'un seul terme suffirait :
« Le souverain pouvoir de la troupe céleste. » (v. 1060)
« La troupe céleste » est une périphrase noble et solennelle pour désigner les dieux.

Personnification *(nom fém.)*
Fiction qui consiste à représenter une notion ou une chose inanimée sous les traits d'une personne.
« Non, Albe, après l'honneur que j'ai reçu de toi,
Tu ne succomberas ni vaincras que par moi. » (v. 557-558)

Pléonasme *(nom masc.)*
Expression qui ne fait que répéter en d'autres termes ce qui vient d'être dit :
« Je verrai mon amant, mon plus unique bien… » (v. 141)
« Unique » signifie « seul dans son genre ». Ce mot a donc déjà une valeur de superlatif que vient répéter « plus ».

Prétérition *(nom fém.)*
Procédé consistant à faire semblant de passer sous silence la chose sur laquelle on attire en fait l'attention :
« Je pourais ajouter aux intérêts de Rome
Combien un pareil coup est indigne d'un homme ;
Je pourrais demander qu'on mît devant vos yeux
Ce grand et rare exploit d'un bras victorieux :
Vous verriez un beau sang, pour accuser sa rage,
D'un frère si cruel rejaillir au visage :
Vous verriez des horreurs qu'on ne peut concevoir ;
Son âge et sa beauté vous pourraient émouvoir… »
(v. 1511-1518)
Valère feint ici de ne pas évoquer la lâcheté du meurtre de Camille ni l'horreur qu'il inspire (emploi du conditionnel). En réalité, il insiste assez lourdement sur ces aspects, en prétendant ne pas vouloir en parler.

Protagoniste *(nom masc.)*
Chacun des personnages principaux d'une pièce.

Quiproquo *(nom masc.)*
Situation dans laquelle un personnage croit qu'on parle d'une chose, alors qu'il s'agit d'une autre.

Répétition *(nom fém.)*
Reprise significative de certains mots ; ici, avec une valeur d'encouragement, d'exhortation :

« Bannissez, bannissez une frayeur si vaine... » (v. 23)

Réplique *(nom fém.)*
Réponse (qui va de quelques mots à quelques vers) d'un acteur à son interlocuteur.

Scène *(nom fém.)*
1. Estrade sur laquelle évoluent les acteurs. 2. Subdivision de l'acte, pendant laquelle un même nombre de personnages restent sur la scène. Toute sortie ou toute entrée fait passer à la scène suivante.

Stichomythie *(nom fém.)*
Dialogue très vif, dans lequel les interlocuteurs échangent des répliques composées d'un seul vers.

Tirade *(nom fém.)*
Longue suite de vers (généralement très structurée chez Corneille) récitée sans interruption par un personnage.

Tragédie *(nom fém.)*
Pièce de théâtre représentant des personnages illustres aux prises avec le destin, et visant à faire naître la terreur et la pitié chez le spectateur.

Tragi-comédie *(nom fém.)*
Pièce de théâtre dont les péripéties sont de style tragique, mais dont le dénouement est heureux, comme *Le Cid*. Elle fait souvent une large place aux intrigues amoureuses.

Unité *(nom fém.)*
Les théories du théâtre classique astreignaient les auteurs tragiques au respect de la « règle des trois unités » (temps, lieu et action). L'action devait se passer en un seul jour, la scène devait représenter un lieu unique, l'intrigue devait reposer sur un sujet unique.

Éditions d'*Horace*

• L'édition de référence est celle de G. Couton et M. Rat : *Corneille, théâtre complet*, Garnier, coll. « Classiques », 3 volumes, 1971 ; *Horace* est publié dans le tome I.
• Corneille, *Œuvres complètes*, Gallimard, 1980, collection « La Pléiade », tome I.

Ouvrages généraux

• P. Bénichou, *Morales du Grand Siècle*, Gallimard, 1948, réédition en collection « Folio essais ».
• Sous la direction de J. de Jomaron, *Le Théâtre en France*, tome 1, Armand Colin, 1992.
• J. Morel, *La Tragédie*, Armand Colin, 1970.
• J. Schérer, *La Dramaturgie classique en France*, Nizet, 1962.

Corneille et *Horace*

• G. Couton, *Corneille*, Hatier, 1958.
• S. Doubrovsky, *Corneille et la dialectique du héros*, Gallimard, collection « Tel », 1963.
• G. Forestier, *Essai de génétique théâtrale : Corneille à l'œuvre*, Klincksieck, 1996.
• M. Fumaroli, *Héros et orateurs. Rhétorique et dramaturgie cornéliennes*, Droz, 1990.
• L. Herland, *Corneille par lui-même*, Seuil, 1948.
• J. Maurens, *La Tragédie sans tragique, le néostoïcisme dans l'œuvre de Pierre Corneille*, Armand Colin, 1966.
• O. Nadal, *Le Sentiment de l'amour dans l'œuvre de Pierre Corneille*, Gallimard, 1948.
• M. Prigent, *Le Héros et l'État dans la tragédie de Pierre Corneille*, PUF, 1986.

- J. Schérer, *Le Théâtre de Corneille*, Nizet, 1984.
- J. A. Stegmann, *L'Héroïsme cornélien, genèse et signification*, Armand Colin, 1982.

Film

- T. Young a adapté au cinéma, de façon très hollywoodienne, *Les Horaces et les Curiaces*, en 1961, avec Alan Ladd.

Direction de la collection : Yves GARNIER – Line KAROUBI
Direction artistique : Emmanuelle BRAINE-BONNAIRE
Responsable de fabrication : Jean-Philippe DORE

Compogravure : P.P.C – Impression (France) MAME n° 07082050
Dépôt légal 1ère édition : septembre 1999 – N° de projet : 11006498 – Août 2007